核心素养导向下
初中数学教学设计

姚家辉◎著

中国商业出版社

图书在版编目（CIP）数据

核心素养导向下初中数学教学设计 / 姚家辉著.
北京 ： 中国商业出版社，2024. 7. -- ISBN 978-7-5208-3044-7

Ⅰ. G633.602
中国国家版本馆CIP数据核字第2024HX2647号

责任编辑： 王　静

中国商业出版社出版发行

（www.zgsycb.com 100053 北京广安门内报国寺1号）

总编室：010-63180647　编辑室：010-83114579

发行部：010-83120835/8286

新华书店经销

河北万卷印刷有限公司印刷

*

710毫米×1000毫米　16开　14.5印张　230千字

2024年7月第1版　2024年7月第1次印刷

定价：78.00元

* * * *

（如有印装质量问题可更换）

前　言

2022 年 4 月 21 日，《义务教育课程方案（2022 年版）》和《义务教育数学课程标准（2022 年版）》（以下简称新课标）正式发布，并于 2022 年 9 月开始执行。《义务教育课程方案（2022 年版）》规定了教育目标、教育内容和教学基本要求，体现了国家意志，在立德树人中发挥着关键作用。新课标指出，义务教育课程必须与时俱进，坚持"五育"并举，聚焦学生发展核心素养，倡导"做中学""用中学""创中学"。如何更好地在教育教学工作中践行新课标精神，落实义务教育的培养目标，是每个教师在教学中应该认真并长期思考的问题。课堂是教育教学工作的主阵地，课堂活动是师生互动、交流的主要方式。因此，高效合理地组织课堂教学显得尤为重要。

科学的教学设计是课堂教学能够成功有序开展的重要保障。然而，在传统的教学设计中仍存在不科学、不合理的现象。如课堂教学目标的制定缺乏具体性，泛泛而谈；学生探究环节的组织缺乏自主性，没有体现学生学习的主体地位；练习巩固环节的题目设置缺乏整体性，不利于学生知识体系的建构；课堂小结缺乏学生的反思和表达，没有发展学生的批判性思维；课后作业的布置缺乏针对性，没有因材施教。因此，基于新课标的理念，教师应不断优化现有教学设计中存在的问题。首先，应以新课标的要求为依据，做到"有目标性"，确立以核心素养为导向的课程目标；其次，应根据学生的学习情况来设计教学内容，做到因材施教，设计的课程内容要体现出结构化特征；最后，教师在教学活动中应重点关注学生核心素养的发展，开展有利于学生发展的教学活动，注重学科融合和情境教学，做到"有规划性"。

数学教学设计的作用在于使学生通过学习数学，能够形成和发展面向未来社会和个人发展所需要的核心素养，能够从数学的角度观察现实世界、以数学的思维思考现实世界、用数学的方式和语言表达现实世界。核心素养具有整体性、一致性和阶段性三个性质，在每个不同阶段的表现也有所不同。其中，初中阶段侧重对概念的理解，核心素养主要表现为四个方面：①数学思维素养，包括分析问题、抽象感知、归纳与演绎、推理思维等，能够解决实际问题和日常生活中的数学问题；②数学方法素养，包括数学概念、数学符号与计算方法、公式运用、图表分析等，能够运用所学的数学知识解决问题；③数学探究素养，包括模型建立、问题分析与解决、证明与推理、创造性思维等，对数学问题提出疑问，不断追求解决的方法并探索解决方法的正确性；④数学应用素养，将所学的数学知识用于解决日常生活中出现的问题和工作中遇到的难题，培养在实际生活中应用数学知识的能力。以上四个核心素养是初中数学教育的重要目标，旨在培养学生的数学素养，为学生未来的发展打下坚实的数学基础。

本书基于新课标的数学学科核心素养，集中体现数学课程育人价值，从新授课、综合实践课、单元复习课、专题课四个方面分别介绍了初中数学教学设计的方法，旨在有效地启发初中数学教师对新课标背景下的教学设计作出新的调整和新的思考，切实做到立德树人，让每一个人都可以在数学教学中得到良好的教育，不同的人在数学上能够得到不一样的发展，逐渐形成适应终身发展需要的核心素养。

姚家辉

2024 年 5 月

目　录

第一章 基于核心素养的初中数学教学设计概述

第一节 初中数学教学设计的现状

新课标指出，教育需求要从"有学上"转向"上好学"，必须进一步明确"培养什么人、怎样培养人、为谁培养人"。

数学课堂是培养学生理性思维、发展核心素养、落实立德树人根本任务的主要载体。学校应通过数学课堂的学习、教师的引导及师生互助等活动，采用数学领域独特的眼光训练学生，带领学生从数学的角度去观察、认识、思考如今的世界，用数学的符号和数学的表达式去展现世界的数学素养。在数学课堂中，教师要教授基础理论知识、基本数学思维，培养学生的基本计算技能、基本分析能力，使学生在当今的数字化生活中掌握基础技能，为深入学习其他领域的知识打下基础；在引导学生对数学产生兴趣的过程中，教师要构建起学生之间合作共赢的意愿，还要培养学生独立思考的能力；教师要肩负起培养学生实践动手能力和勇于创新精神的责任，肩负起引导学生树立正确的世界观、人生观、价值观的责任，增强学生的社会责任感，塑造具备核心素养的新时代祖国花朵。然而，传统的初中数学课堂主要以教师讲授的方式进行数学知识的传递，学生以学会知识为主要任务。师生都习惯于通过知识的掌握来评价一个学生的学习能力和水平。这就导致数学与生活及应用分割开，学生的应用意识、创新意识也因此没有得到很好的培养。这显然与新课标的教育理念及基本要求相悖。随着社会的发展，广大教师也在优化教学设计、改进教学方法上进行着不断尝试及努力，目前教学设计中存在的主要问题如下。

一、对情境教学的重视程度有待增强

数学来源于生活，是对现实世界的抽象。一切数学研究都是为了解决生活中出现的问题而进行的，数学是实用的、有趣的。教学设计中如果缺乏切合学生学习和生活的情境，人为地割裂了数学与生活的关联，使学生感受不到数学在生产生活中给人类带来的便利，面对纯数学知识时，他们就难以产生学习数学的热情。

二、对知识的生成过程的重视程度有待增强

数学教学不仅要让学生掌握数学知识，还要让学生亲自动手实践，即让学生从实际分析、计算、判断、总结等多个环节去体会数学问题的发生、数学知识的运用以及解决数学问题的过程。教师应该避免让学生通过纯粹的记忆背诵知识，而应该在经过分析、总结后再设计具有针对性的数学教学环节，让学生身临其境——感受数学知识从产生、演变到发展成熟的过程，从实践中和根本上积累数学基本计算能力。在教学设计中，如果忽视知识的生成过程，学生的主体性就没有保障，各项核心素养的发展就没有了依托，学生的发散性思维的发展也就受到了限制。

三、学科融合渗透较少

数学学科融合是指在学习数学知识的内容中融合其他各门学科内容。学科融合有助于培养学生应用数学知识解决其他学科问题的能力，启发学生积极思考，也让学生认识到数学是其他学科发展的基础，凸显数学学习的重要性，增加学生学习数学的兴趣和信心，有助于学生形成一个完整、系统的知识体系，是发展学生核心素养的重要方式。新课标理念指出，要促进信息技术与数学课程的融合，即合理运用现代信息技术，设计生动的教学活动，提供丰富的学习资源。教师在设计教学内容时，如果没有根据所教授内容有针对性地选择切入

点进行有机的学科融合，那么学生就无法感受数学在社会科学中的重要作用，学生的视野、探究热情、想象力以及学习数学的动力和兴趣会受到很大的影响。这在一定程度上阻碍了学生增强社会责任感的步伐，也不利于学生树立正确的世界观、人生观、价值观。

四、教材中"五育"元素挖掘不够

教材是教师开展教学、学生进行数学知识学习的最直接的资源，因此应合理地使用教材，挖掘教材中的"五育"（德育、智育、体育、美育和劳育）元素，坚持德育为先，提升智育水平，加强体育、美育，落实劳育。同时，应聚焦学生发展核心素养，培养学生适应未来发展的正确价值观、必备品格和关键能力，引导学生明确人生发展方向，成长为德智体美劳全面发展的社会主义建设者和接班人。在教学中，每个地区、每个班级的学情都是不同的，教师如原封不动直接根据教材的内容进行教学，不对教材的内容作出合理挖掘，就会导致教学无法满足学生的学习需求，从而使教学目标的达成与预定目标存在一定的偏差，最终导致教学效果不理想。

五、单元整体教学设计意识较弱

传统的以课时为单位的教学设计不利于学生体会知识之间的内在关系。单元整体教学是培养学生核心素养的有效方法。教师可根据新课标要求、教学内容、学情对教学内容进行整合，明确单元目标，再将目标分配到各个课时中逐步实施。因此，处理好"大单元"和"小课时"的关系，不仅能有效地夯实学生的"四基"（基础知识、基本技能、基本思想、基本活动经验），还有助于学生构建系统的知识网络，逐步培养学生的核心素养。

然而，在一线教学中，个别教师对单元整体教学的理解只是表面上的或者只是对知识进行简单的串联，忽视了知识间内在的逻辑关系，缺乏对于一些研究问题的方法、思想方法的渗透。

第二节 初中数学教学设计的内涵

教学设计通常是指教师基于教育教学理论，根据学生的认知结构，分析学习活动的诸多要素，规划不同学习阶段的过程，以实现学习目标。教学设计主要是采用系统方法，将学习理论和教学理论的原理转换成对教学目标、教学内容、教学方法和教学策略、教学评价等环节进行具体规划、创设教与学的系统过程和程序，而创设教与学系统的根本目的是促进学习者的学习。

教学设计的主要内容有分析、设计、评价。

（1）分析：主要是针对教学对象和内容进行分析。

（2）设计：为实现教学目标，对所要实施的教学过程进行设计。

（3）评价：用设计问卷等方法来测试学生学习是否达到了预期的结果。

其中，教学内容的分析包含三种情况，即对教材内容的分析与处理、教学内容在教科书中的地位和作用以及教学思路。

对于学生的基本素质及综合能力的分析，可按类别分为一般分析和具体分析。

一般分析涵盖对受教育学生的多层次、多角度的基本情况分析，如性格特征、兴趣爱好、学习信心、学习动机、认知水平和能力、学习方式、学习方法以及当前所处的知识水平等的分析。这种分析通常是在教师最开始接触学生时开展。

具体分析是指在实现特定教学内容之前，对学生的学习需求、当前理论知识与实践能力所处的水平、学生预期学习目标和认知特征之间的差距进行分析。除此之外，这种分析还会分析学生在学习中遇到的困难，为使教学设计更加具有针对性，对遇到的困难进行分层划分。

教学设计一般会从"教什么"入手。教师需要先确定某个或者某些具体的教学目标，再制定方法可行、预期效果达标的教学策略，而后选用满足需求且经济实用的媒体，直观、具体地向聆听者表达教学过程中各要素之间的紧密关系，最后对学习者进行调查，并对教学成果进行评价。教师还要根据后续的反馈信息——比对，不断完善该教学设计的各个环节，以确保教学和学习均获得成功。一个有效的教学活动，应该是学生学习与教师教学相统一，学生是学习的主体，教师是学习的组织者、引导者和合作者。教学活动的有效开展，是以科学合理的教学设计为前提的。教师应根据新课程标准、新课程理念的要求，在课前实施教学设计。教师在进行教学设计时，首先应结合班级学生的学习情况，明确教学目标，然后再根据教学目标，与时俱进地选择适当的教学方式对教学活动的内容、环节等进行安排、组织与策划。简言之，就是对解决"教什么""怎么教"的问题进行计划和决策。

初中数学教学是一个错综复杂的动态系统，每一位教师都应该对如何最大限度地使系统中的各个子功能、子系统发挥作用并使其协同合作以提高教学整体效能进行深入研究。教师教学工作有多项评价指标，其中主要参考指标是教学设计。在教学工作中，教学设计具有领航作用。教学设计技能作为教师专业发展的重要组成部分，目前已成为教师必不可少的基本技能。

第三节　初中数学教学设计的原则

一、目标性原则

目标性原则是指在基于新课标的各级目标要求下，结合学情，有针对性地进行教学设计。

初中数学课程目标有总目标、学段目标、单元目标、课时目标之分。新课标指出，义务教育阶段的数学课程的总目标是通过义务教育阶段的数学学习，学生逐步会用数学的眼光观察现实世界，会用数学的思维思考现实世界，会用数学的语言表达现实世界（以下简称"三会"）。也就是说，学生要能做到以下几点。

（1）能获得面向未来工作、生活、研究所必需的数学基本理论思想、基本理论知识、基本计算技能等。

（2）能体会数学理论与数学知识之间，数学与研究、生活、工作之间，数学与工科、医学等多学科之间的联系，在探索自然界万事万物中发现和提出问题，再运用其他学科的知识、数学的理论与计算方法，研究分析和解决问题。

（3）能对数学世界产生好奇心与探索欲，不断感受数学蕴含的价值，欣赏数学世界内在的美好，提高对数学学习浓厚、持久的兴趣，建立起认真学习数学、立志学好数学的信心，为未来研究学习打下基础，养成好习惯，形成善于观察、勇于探索的科学研究精神。

围绕教学总目标，国家义务教育阶段的数学课程设置了不同学段的目标。初中数学对应的第四学段（七～九年级）的目标如下：体验有理数、实数的形成过程，初步理解数域扩充，培养学生的数学感知力，提高数学敏感度有助于让学生在现实生活中体会数在不同场景下的意义，理解具体情境下的数量关系，能准确表达出具体场景下数的含义；掌握数字与公式的运算，能够让学生理解公式运算结果的意义，培养学生的计算技能，训练学生理解算理，再利用算理探究简单、可行的运算方法，最后达成解决问题的目标；能用 n 元 n 次方程、各种不等式、成熟函数等描述数学问题中的数量变化与数量规律，建立合理、便捷的运算思路来解决问题；不断建立想象力、抽象力和建模观念，发展数学运算能力，提高运算效率；通过探求图形特征的过程，了解平面图形平移、旋转和平面图形轴对称的基本特征，理解相关定义，建立学生的三维空间观念，可以使他们根据立体图形的特征抽象出几何图形，再回答出所研究的物体名称；掌握生活中、未来工作中常用的、基本的数据收集与整理方法，理解随机数、随机概率等现象；通过综合利用实验数据的样本和统计计算方法，推断出需求总体，可以计算实验数据的样本方差、平均数等基本、常用统计量，可以了解频率、概率的实际意义，不断形成模型观念、深化数据思维，从而促进学生推理能力的发展。

在实际学习中，综合地、全面地运用其他学科的知识以及数学理论和方法解决生活、自然等问题，有利于积累分析和解决问题的数学思维，提高综合核心素养。在探索不同的生活情境中，可以采用数学的思维发现问题、提出疑问，再综合工科、其他理科等的专业知识和运用数学的理论、方法，从多种研究维度探寻问题、分析问题，最终提出解决问题的方法，这样可以形成建模观念、巩固数据理念。关注当今社会生活中各式各样的数学信息，积极参加数学相关趣味活动、相关竞赛活动；在解决数学问题的过程中，能够不断克服困难，保持迎难而上的决心，树立起学好数学的信心，用心体会数学在现实生活中的应用，发展学生的应用意识，感受到生活中处处有数学。一方面，要有自主意识，积极运用数学的理论知识研究并解释现实世界中的各种现象，解决现实世界中的各种问题；另一方面，要有观察意识，不断发现现实生活中蕴含的大量数学问题都与数量和图形有关，从中体会数学的价值，欣赏并尝试创造数学美。

"三会"是一个紧密关联的有机整体，教师在进行教学设计时，应围绕总目标和学段目标，结合学情，制定指向核心素养的教学目标。教学设计的各个环节是为了实现教学目标而设置的一系列课堂活动，是教师处理好核心素养与"四基""四能"（发现和提出问题的能力、分析问题的能力、解决问题的能力、反思和改进的能力）关系的重要依托。因此，教学目标的设置科学与否是教学设计能否顺利进行的关键。

二、系统性原则

系统性原则是指在进行教学设计时，要根据学生所处学段、已有的认知水平和知识体系，循序渐进地进行对于同一个知识系列的教学，使学生能够在逐步学习中构建自己的知识网络。

核心素养是在长期的教学过程中逐步形成的。学生对一系列知识的掌握和理解及应用是呈螺旋式上升的，因此教师在进行教学设计时，应在充分了解各阶段的核心素养，根据对应阶段的学业质量要求，结合具体的教学内容，对教学内容及学生特征进行认真分析的基础上确定每个课时的重难点及教学活动。

此外，为了让学生能够系统地掌握知识，教师还应该依据新课标要求，聚焦核心素养，从整体上把握教学内容，注重结构化教学和大单元教学。在充分分析教材内容的基础上，合理整合教学内容，整体设计，逐步实施，促进学生对所学知识的整体理解和掌握。

三、主体性原则

主体性原则是指一切的教学活动都要立足于学生相关核心素养的发展，突出学生自主学习的主体地位，充分挖掘学生的内在潜能。因此，教学设计应结合新课标精神，紧密围绕学生实际的学习需求，提高学生数学学习的能力，尊重学生的个体差异，重视分层教学。

课堂是师生互动最高效、最直接的平台，所以教师在教学设计中对课堂活动的安排是否遵循了主体性原则将直接影响课堂是否能有效开展，以及学生参与课堂是否能真正进行，最终影响学生核心素养的培养是否能真正落实。

教师应尊重学生的主体性，即能通过各种方式走近学生，充分了解学生各个方面的情况。除此之外，教师还应充分利用多元化、多样化的评价方式，对学生的"四基""四能"进行有效、准确的了解，从而为教学设计中的活动开展提供学情信息支持。

第二章　初中数学常见课型分析

第一节　新授课

新授课是教授新内容、新知识的课型，在数学教学中新授课的主要目标是形成新的数学概念、数学定理、法则，因此，新授课是数学教学中最常见的课型。让学生理解新内容、新知识，并能让学生对新授知识进行拓展与提升，就是数学新授课的目的与要求所在。因此，中学数学教师在数学新授课中不能止步于对新概念、新定理、新法则等的简单讲解或直接"填鸭式"教学，相反地，应该在数学新授课中完备新知识的产生与应用，构建知识体系，如此才能使学生更好地理解和运用相关知识。与此同时，中学数学教师要能随机应变、因地制宜，在不同情况的数学新授课中运用不同的教学方式，采用适用于当堂新授课的问题情境，利用问题情境巧妙地将抽象的数学知识转化为易于理解的数学事实，构建深入浅出、通俗易懂的课堂，增强学生学习新知识的效果，提高学生学习数学的自信心，同时激发学生学习数学的兴趣。中学数学教师应利用好旧知识的生长点，将生长点转化为新旧知识的连接点，将学生的已有知识经验作为新授课的着力点、生长点、连接点，顺应学生认知规律，顺其自然地引入新知识。

一、新授课的特点

（一）内容新

教学内容决定教学方法，新授课最大的特点就是"新"。不论是概念课还是初中数学规则课乃至应用课，都体现出内容新的特点。新授课是学生与数学概念、公式、例题的初次接触，学生也能用相对崭新的视野看待新知识，能更容易地置身课堂进行深入学习。

（二）与旧知识关联

在知识的链条中，已有的知识经验是旧知识，未学的知识是新知识。在数学教学与数学学习的过程中，数学知识的链条是前后衔接、环环相扣的，每个知识环节都密切联系，缺一不可。故而，在数学知识的链条中，新授课的知识始终与旧知识关联，新知识的教学始终应以旧知识为基础，在学生的最近发展区中，应以旧知识为"垫脚石"，设立适合高度的新知识，让学生"够一够"可以获得。因此，在新授课中，复习与新授课中新知识相关联的旧知识，可以修补断缺的知识链条，也能帮助学生找到新知识的附着点与生长点。

（三）难度未必大

新授课的内容不都是"全新"的，难度也未必大。"新"的地方，一是学生未接触的领域新知，二是学生掌握不够到位的知识。在新授课教学过程中，中学数学教师不能盲目地将新知识作为难度高的知识而过多消耗宝贵的时间，而应准确把握新授课的教学重点与难点，合理分配新授课环节的时间，切实提高课堂效率。

二、新授课的分类

新授课的常见类型如下：一是数学概念教学，二是数学规则教学，三是数学应用教学。

（一）以数学概念教学为主的新授课

数学概念在数学教学中占有举足轻重的地位，是数学基础知识和技能教学的核心。数学概念反映了真实世界中空间形态和数量关系的本质特征，通常是用符号来表达的。在初中数学的教学中，学生学习数学的理论基础都来自对数学概念的学习，可以说，数学概念是学习数学的基石。所以，数学概念的教学对学生学习数学有着非同寻常的意义，它对学生形成完整的数学知识体系起着至关重要的作用。将培养学生的核心素养作为一种理念来进行数学概念教学，可以有效地提高学生学习数学的质量和效率，并推动学生自主学习的深度和广度。

新课标提出，应引导学生经历知识形成过程。实际上，数学概念的形成是学生思维从特殊到一般的过程，数学概念的概括是使概念越来越趋向一般化的思维活动。在此过程中，教师向学生呈现具体事例，为学生提供抽象思维支持。在抽象思维的作用下，学生逐步展开深入探究，扎实掌握数学概念，由此可自然而然地发展多种能力。

（二）以数学规则教学为主的新授课

初中数学中的定理、公式、法则、性质和数学基本方法等统称为初中数学规则，一般把以初中数学规则的教学作为主要教学任务的课程称为初中数学规则课。在学生学习数学的过程中，逻辑推理是必经的历程，因此逻辑思维是必备的。以数学规则教学为主的新授课，可助力学生培养逻辑推理的核心素养，完善逻辑推理过程，提高逻辑推理能力。初中数学规则是大量数学知识的浓缩，是深入学习数学知识的基础。

初中数学规则课对于初中生而言非常重要。学生在数学规则教学的新授课中亲身体验数学规则的形成过程，也能够锻炼学生的逻辑思维，培养主动探索的学习方式。

（三）以数学应用教学为主的新授课

学以致用是数学教学中十分重要的教学理念，也是现代化教育教学提倡的教学思想。初中数学应用课强调学以致用的重要性，在教学过程中，中学数学教师要注重对学生应用意识的培养，在一定程度上帮助学生真正理解、掌握与应用数学知识，并且在理解、掌握的基础上将所学知识更有效地应用于实际生活，从而有效优化学生学习数学知识的实践能力。

初中数学应用课应该利用学生已有的知识经验，将课堂建立在学生的知识经验与生活经验之上，融入学生熟悉的情境授课，提高学生的知识应用能力，有效提高数学教学质量，培养学生各方面的核心素养，使其体验数学的作用与价值。

三、新授课的核心素养分析

新授课是数学教学、数学学习的起点，是学生进行数学思维的核心，也是培养学生数学核心素养的重要载体，在培养学生有效理解架构数学知识的行为习惯与能力、提高学生综合运用数学知识解决实际问题、提升学生数学创新意识等方面起着不可取代的作用。

新授课的知识是学生发展数学能力、运用数学的积淀，新授课与数学核心素养之间关系密切、相互依赖、互不可分。新授课可以培养学生数学核心素养，能有意识地锻炼学生养成勤奋努力、热心好学、乐观积极、坚持不懈等好品质，还能渗透数学思想，在帮助学生深入理解、掌握与应用数学知识的同时，强化学生的思维能力与分析、解决问题的能力，对学生数学学科核心素养的培养具有重要作用。

在教学过程中，应有意识地对学生几何直观、数学运算、推理能力、应用意识、模型观念、抽象能力、创新意识、数据意识、空间观念等方面的核心素养进行加强，为学生实现全面发展提供良好的保障。要从与数学核心素养教育的实际需要相结合的角度进行新授课的教学活动。一方面，通过向学生传授新知识，促进学生的智力发展，为学生提供一个可以主动思考、探索和分析数学知识的平台，同时为学生提供一个可以将数学知识运用到实际生活中的平台，以此来保证学生对数学知识的学习能保持一个良好的发展状态。可以针对数学内容展开系统的探索和分析，切实地对学生的数学知识的综合学习进行改进和创新，提高学生在数学知识方面的综合学习效率。另一方面，教师可以从知识理念、知识体系建构的角度，对数学内容进行分析，从而有效地提高数学教学的整体水平，为实施数学核心素养教育打下坚实的基础。

数学新授课是数学课程的一大部分与一大亮点，它占据学生数学学习大量的时间。在现实的数学课堂中，中学数学教师可以清晰地感受到新授课对培养学生核心素养的意义和价值，所以，教师必须遵守整体协调性的教学原则，在数学核心素养的基础上，对学生进行更深层次的梳理，使其更好地参与数学学习活动，使整个数学新授课的教学过程达到"圆满"——完整、和谐的状态。另外，教师是数学新授课中的引领者，在新授课过程中应帮助、引导学生内化数学新授课知识，促使学生自主学习、自主探索，并将这些核心素养和知识应用到真实的数学情境和生活中去。只有这样，数学新授课才能体现出数学课程的外在价值，进而增强教学实践活动效果，培养学生的数学核心素养。与此同时，新授课要根据学生当前的水平，按照学生的认知规律，合理设置教学方案，还要重视学生的终身学习、终身发展，让学生在活动探索、知识探究的过程中，形成永久的、终身的核心素养，在具体的学习实践中对核心素养进行深化和内化，激发学生的学习精神和数学思维意识，为今后的学习和生活做好准备，提高学生的学科综合素养。

新授课应该以数学核心素养为基础，使数学知识和数学素养联系起来，从而指导学生建立一个完整的数学体系和结构。

四、新授课存在的问题

新授课存在以下三个主要问题。

一是在教学实际中，教师重在给出新知识而不是解释新知识，也不重视知识的发展与形成过程，使学生在学习数学的过程中对新知识的理解不到位，无法构建系统的数学知识。

二是为提高新授课的教学效率，忽视对新知识点形成过程与产生背景的讲授，淡化学生对新知识本身的理解过程，过度重视知识传输的过程，使数学教学课堂活跃度偏低，学生的表达意愿与课堂参与度较差，对新授课教学质量也产生影响。

三是在具体的新授课教学实践中，往往只追求教学效果，对于新授课的新知识进行单一的重复巩固，没有整体视野，不能将知识置于环环相扣的知识链条中，致使新知识在学生的认知结构中脱离，不能与其他知识联系，也不能理解其本质，从而影响新知内化，影响教学效果。

五、新授课教学设计策略

（一）突出对数学核心素养的培养

学生在学习数学的过程中不只是数学知识与技能的获取，更重要的是数学核心素养的培养。教育的最终结果都是面向社会，知识虽重要但并不是第一要义，培养学生解决问题的能力及思维能力才是使其长期受用的利器。因此，新授课虽然是学生学习新知识的过程，但绝不能忽视对学生数学核心素养的培养，不能重知识而轻素养。特别地，在数学新授课中，新授课的知识是学生发展数学能力、运用数学的积淀，一切数学的学习活动应从新授课出发。换言之，新授课应包含所有的数学核心素养。因此，教师在设计课程时要时刻关注以学生综合素质的提高为教学目标，为学生培养数学思维考虑，为学生提高应用能力赋力，使其充分体验数学的魅力与价值。

（二）问题驱动教学设计

在初中数学新授课教学中培养学生的数学核心素养，就要从新授课的教学设计这一源头抓起。就中学数学教学设计的有效性而言，只有激发学生的学习兴趣，才能提高学生的学习效率。在当前的教育新背景下，课堂不能再满足于知识的灌输，而要更加注重学生有效参与课堂实践和将知识充分融入日常生活的能力。但是，新授课的概念、定理等知识相对枯燥乏味，故而教学设计应该针对该方面进行更灵活生动的调整。整体而言，教学设计应采用问题驱动教学，以新知识为基点，通过层层推进、紧密联系及灵活转换的方式，将新知识学习流程由简单到复杂、由浅入深地逐步推进，将提问、分析及解决问题贯穿整个新授课课堂之中，有效实现新知识内容向程序化、具体化及有效解决问题的方向发展。

（三）构建知识框架

数学核心素养很难通过单一的知识点去培养。在对学生进行数学核心素养培养时，应当将重点放在一个完整的数学知识框架上，即构建一个知识框架，将这些知识之间的关系理清楚，激发出学生的相关学习体验，使其在这个知识框架中感受数学的基本理念，在对这些理念进行迁移和应用的过程中，逐渐提高数学学科能力。在教学过程中，应对大概念体系进行梳理，埋下学生数学核心素养生成的暗线，在具体的新知识中进行逐渐渗透和培养，这有助于学生对知识的整体把握和数学思想体系的整体建构，更能体现出教学的完整性。

第二节 综合实践课

设计综合实践课的目的是要培养学生综合运用所学的知识和方法来解决实际问题的能力，使学生可以在现实的情境和真实的问题中，将数学和其他学科的知识与方法结合起来，经历发现问题、提出问题、分析问题、解决问题的过程，对数学知识之间、数学与其他学科知识之间、数学与科学技术和社会生活之间的联系有一种深刻的理解，从而积累活动经验，促进学生核心素养的全方位发展。

一、综合实践课的特点

（一）自主性

综合实践课是围绕真实情境中的问题，通过学生自主探究的方式，明确计划学习过程，从而获得真实具体的学习成果的一种学习方式。学生通过参与项目，调动学习自主性，促进自己对数学知识的掌握，从而提升问题解决能力和自主学习能力，培养信息素养和信息能力，发展适应未来社会的能力。

（二）开放性

综合实践课可以采用"课内加课外""校内加校外""集中加分散"等方式，对应不同的内容与实际情况开展，具有开放性。指导学生综合运用知识开展有目的、有设计、有步骤、有合作、有反思的实践活动，培养学生解决实际问题的兴趣和能力，发展模型意识，解决数学问题，引导学生提出合理的假设预测结果，选择合理的数学方法，并利用真实情境检验模型、修正模型，形成物化成果，包括项目产品、小论文或研究报告等。这些成果也具有开放性。

（三）合作性

在大多数活动过程中，学生需要通过小组合作的方式，经历收集资料、整理资料等实践活动过程。该过程有助于培养学生的团队精神、集体荣誉感和团结协作能力，增强学生的社会责任感。

（四）实践性

学生可通过查阅资料，了解项目的基本情况，获得真实、有效、科学的数据，再通过入户调查或实地考察等实践活动形式，培养对科学知识的探究兴趣，从中培养严谨的科学态度、认真的实践精神。

（五）综合性

学生可将整合数学与其他学科的多样化的知识和思想方法，从数学的角度阐释遇到的现实问题，感受数学与科学、技术、经济、金融、地理、艺术等学科领域的融合，体会数学的科学价值。综合实践课的综合性可以帮助学生感受数学在与其他学科融合的过程中占据的地位与作用。

（六）长程性

从记录并整理所获取的信息到提出问题并设计问题解决的思路及方案，再到聚焦一个主要的问题，方案小组共同展开研究，解决问题，最后总结、交流研究报告与感悟，并物化研究成果或付诸实际行动，都体现了综合实践课的长程性。

二、综合实践课的分类

综合实践课是以解决现实问题为重点的，它强调交叉学科的研究，如专题活动、专题研究等。第一学段到第三学段以专题学习为主，把所学的知识与专题活动结合起来，第四学段的课程可以是专题性的。

专题活动有以下两种类型。

（1）融入数学知识学习的专题活动。学生主要运用所学的数学知识分析与解决实际问题，主要涉及量、方向与位置、负数等知识。

（2）运用数学知识及其他学科知识的专题活动。在这类活动中，学生将综合运用数学知识与其他学科知识，融会贯通地解决问题，体会数学与其他学科的关联。

在这两种类型中，学生将在实际的背景下，从数学的视角出发，发现并提出问题，然后将数学与其他学科的知识、方法相结合，从而分析与解决问题。

三、综合实践课的核心素养分析

基于核心素养的课程改革正在不断地深化，初中数学中综合实践课内容的重要性逐渐凸显。综合实践课教学是在实际情境中以真实问题为载体，让学生自主参与探究的学习活动，感悟生活中数学与课堂知识的联系，提高解决问题的能力，为学生发展数学核心素养奠定坚实基础。为落实立德树人的根本任务，课程改革把核心素养的培养放在至关重要的位置。数学是初中一门重要的基础学科，教师应组织好基于核心思想下的初中数学综合实践课教学，培养和提高学生的数学素养。

数学核心素养是人们通过数学的学习建立起来的认识、理解和处理周围事物时所具备的品质，通常是在人们与周围环境产生相互作用时所表现出来的思考方式和解决问题的策略。日常生活中的很多问题其实都可以看作数学问题，如果人们拥有数学核心素养，就可以从数学的角度去看待生活中的一些问题，也可以利用数学的方法去尝试解决这些问题。综合实践课就是以解决生活的实际问题为载体的课程。因此，在综合实践课中，发展数学核心素养是非常有必要的。数学课程要培养学生的核心素养，就是要培养学生会用数学的眼光观察现实世界、培养学生会用数学的思维思考现实世界、培养学生会用数学的语言表达现实世界。

（1）会用数学的眼光观察现实世界。在进行综合实践课的授课前，教师应整合实践教学资源，方便数学活动的开展。通过实际的生活问题、生活情境，引导学生学会用数学的眼光观察现实世界，发现客观事物中存在的数量关系或者空间形式，引导学生提出有意义的数学问题；能够抽象出相应的数学研究对象与属性，形成相关的概念、关系与结构；让学生在实践中理解生活客观现象中蕴含的数学原理，感悟数学的审美价值，在探究活动中形成对数学的好奇心与想象力，培养对数学的兴趣。

例如，对于北师大版七年级上册中的"关注人口老龄化"这一综合实践课题，学生在接触一系列的现实数据的过程中，体现了对核心素养中抽象能力的培养。在面对现实问题中的这些人口老龄化数据时，要求学生用数学的眼光去获取相应的信息，这一过程能够发展学生的数感、量感以及符号意识。而同册的"制作一个尽可能大的长方体盒子"这一课题中，则是引导学生通过表格收集数据，用统计图呈现体积变化趋势，发展学生的几何直观这一核心素养。在北师大版七年级下册的"七巧板"和八年级下册的"平面图形的镶嵌"这两个课程中，则引导学生在生活实际中抽象出几何图形，研究图形的形状大小以及其中隐含的性质，让学生体会图形大小与位置之间蕴含的几何知识，这在一定程度上发展了学生的空间观念。

（2）会用数学的思维思考现实世界。在进行综合实践课教学设计的过程中，教师需要对设置的问题以及相应的教学环节进行优化，调动学生的数学思维，引导学生用数学思维思考现实世界。数学思维其实是一种思考现实世界的方式，可以通过数学思维发现生活实际中一些客观现象所蕴含的规律，以及事物之间的一些联系。运用数学的思维，我们可以根据一些已有的事实，进行合理的逻辑推理，得出相应的规律或者性质；利用数学的一些运算法则和符号运算，进行形式推理和逻辑分析，尝试解决生活中的实际问题，训练学生的思维能力，培养学生的科学态度与理性精神。

关于这方面的核心素养培养，在北师大版初中数学的综合实践板块也有很好的课题进行实践。七年级下册的综合实践课题"设计自己的运算程序"涉及对数学运算法则和运算律的相关知识，学生以学过的法则和运算律为基础设计运算程序，能够锻炼学生进行正确运算的能力。学生能够在这些实践过程中理解数学的基本概念和法则的发生与发展过程，进一步提升运算能力。在九年级上册的综合实践板块"猜想、证明与拓广"这一课程中有这样的猜想：任意给定一个正方形，是否存在另一个正方形，它的周长和面积分别是已知正方形周长和面积的两倍？这一猜想引导学生思考解决方案，在探究过程中尝试探索并表述论证过程，在推理过程中感悟数学的严谨性，形成逻辑交流与表达的习惯，以及实事求是的科学态度和理性精神，从而逐步培养和提升学生逻辑推理的核心素养。

（3）会用数学的语言表达现实世界。在进行综合实践课教学中，应结合课程的教学目标和任务，引导学生进行一系列的探究发现的活动，尝试运用数学的语言对所得的探究结果进行阐述。数学也是一种语言，数学的几何语言和符号语言具有简洁性和严谨性。通过数学语言的学习，可以更为简洁且精确地描述社会生活中出现的一些数量之间的关系，或者生活中一些图形与图案之间的空间形式；可以根据这些数据和关系，尝试建立适合的数学模型，并运用到实际情境中进行问题的表达转化和解决；能够通过对数据进行整理和分析，得出相应的规律或者结论，运用分析的结果尝试预测或者推断一些不确定的现象，得到相对合理且适宜的推断，从中发展数学的应用意识与数学表达能力和操作实践能力。

在综合实践课中，引导学生将自己的探究成果以数学语言的形式进行表达，也是课程的目标和最终任务。在八年级下册的"哪一款手机资费套餐更合适"的综合实践课题中，学生在分析了不同套餐之间的收费规则与标准之后，需要运用数学工具对不同套餐的规则进行表示，这就需要学生在实际情境中运用数学符号建立数学模型。例如，用一次函数来表达不同套餐的收费规则，在这一过程中感知数学建模的基本过程，感悟数学应用的广泛性，帮助学生形成模型观念，提高应用意识。

综合实践课能够在社会生活和具体情境中培养学生的数学核心素养。下面就如何开展基于数学核心素养培养的综合实践课程给出一些建议。首先，在进行综合实践课的教学过程中，对于问题导入的设计需要切合学生的认知，让学生能够用数学的眼光观察现实世界，培养学生抽象能力、几何直观、空间观念与创新意识这些核心素养；其次，在探究环节设计中，需要从学生已有的数学知识和思维能力水平出发，让学生体验用数学的思维思考现实世界，培养学生的运算能力、推理意识或推理能力的核心素养；最后，在综合实践课中需要对学生进行适当的引导和提示，让数学符号渗透到学生的成果之中，让学生能够用数学的语言表达现实世界，培养学生的数据意识或数学观念、模型意识或模型观念以及相关的应用意识。

四、综合实践课存在的问题

（一）数学评价与教育目标的矛盾

从本质上讲，数学综合实践课是一门以培养学生能力为目的的课程，而数学考试则是以测试学生能力为目的的。能力的提高不是一蹴而就的，而是需要长时间地持之以恒。教师逐渐开始关注综合实践课，但是很多教师还是觉得综合实践课的成果很难考查，难以保证课堂质量。

（二）综合实践课的材料不够合理

从理论上来说，综合实践课的教材要适合不同层次的学校和不同层次的学生，因此每个学校都要根据自己所在地区和学校的实际情况来编写教材。如此，综合实践课的材料才能与学生的实际情况相适应，帮助学生顺其自然地找到知识的附着点，增强学生的应用意识。在合理的材料辅助下，综合实践课才能达到帮助学生综合运用数学知识来解决问题的效果。但是，缺乏合理的综合实践课的材料，正是当下数学综合实践课的痛点。

五、综合实践课教学设计策略

（一）激发兴趣

在进行综合实践课教学的时候，中学数学教师可以通过设计各种方式和各种活动来激发学生的学习兴趣，营造出一种轻松、愉悦、和谐的课堂气氛，让学生对知识的接受能力与学习兴趣得到提升。在活动过程中，可以引导学生运用数学工具、数学语言、数学方法去解决问题，这样不但可以提高学生的数学能力，而且可以培养学生在团队活动中的合作和沟通能力，从而培养学生的核心素养。

（二）凸显学生的主体地位

综合实践课是一门较为完备的教学活动课程，教师通过提出问题，引导学生在教学过程中进行实践活动。《义务教育课程方案（2022年版）》特别强调了学生的自主探索、合作交流与动手实践，要求学生独立思考，积极展开思维活动。综合实践课是学生与教师合作实施完成的，学生是活动的开发者和实施者，是综合实践课的主体。在综合实践课中，教师要注意充分发挥学生的主体作用，同时要注重因材施教，教学内容应该尽量符合学生的实际情况和爱好，如此才能增强综合实践课的吸引力，帮助更多的学生融入数学课堂中。针对学生在综合实践课上发表的想法、观点，教师应以鼓励为主，正确引导，讲究方式与方法，帮助各类学生发展数学素养，使学生的探究能力得以体现，更好地培养其主体意识。

（三）设计开放性问题

开放性问题，即没有唯一的答案，没有正确、标准答案的问题。开放性问题可以培养学生创造性思维、批判性思维，也能锻炼学生思考能力。在综合实践课教学中合理设计开放性问题，能够激发学生的好奇心，培养他们的逻辑思维能力和创造力。

第三节　单元复习课

单元复习课是在完成某一领域的知识学习后进行的概括性教学活动，是根据学生的认知特点和规律，在学习的某一阶段，巩固、梳理已学知识和技能，推动知识的系统化，使学生能够更好地运用所学的知识来解决问题。

单元复习课不仅是培养学生的归纳能力，发展学生的数学思考能力、实现知识的迁移和再建构的重要途径，对于学生核心素养的培养以及系统的知识网络的形成也起着重要的作用。

一、单元复习课的分类

初中数学单元复习课通常可以被划分成以下几种类型：知识体系回顾课程、方法指导课程、作业培训浅析课程等。

（一）知识体系回顾课程

知识体系回顾课程指的是对某一章或某个模块知识体系内容展开回顾性地

复习，其主要目标是帮助学生在不同的知识中建立联系，从而形成最优的知识结构，进而强化知识和应用。

（二）方法指导课程

方法指导课程指的是对某一类题型或某一专题展开的解题方法的指导、提炼、概括，它的核心内容是加深学生对知识的理解，帮助其总结学习规律和方法，从而对数学思想方法进行概括和应用。

（三）作业培训浅析课程

作业培训浅析课程是指以讲练结合的方式对学生近期所学的知识进行巩固和提升，其核心是发现学生问题，并有针对性地解决问题，查缺补漏，使学生在此基础上进行适当提升。

二、单元复习课的特点

（一）再现性

学习的全过程可以划分为三个阶段，即学习、保留、再现。这里的"学习"是指学生掌握新的数学知识的阶段，也就是在数学问题背景下的首次学习。从心理学角度出发可知，所学的东西要在学生的大脑中保存并重现出来，才能在以后的学习中加以提炼和运用。如果不能在学习结束后及时复习，根据艾宾浩斯遗忘曲线，所学到的东西会随着时间的推移而自动地逐步恢复到原来的状态。这时遗忘就会出现，记忆就不再保持，从而可能导致永久性遗忘。因此，教师需要将复习的内容与学生已有的认知情况尽可能匹配起来，把大部分学生已掌握的知识作为起点，才能让更多的学生在课程开始阶段顺利进入本节课的学习。

复习指的是用再学习的方式，将被遗忘的东西重新构建出来，将过去没有掌握扎实的知识补上，避免出现知识还原现象。

（二）概括性

数学知识的学习过程中包含了大量的数学思想与方法，相对于具体的表面数学知识具有更高的抽象性和概括性。所以，要想对其进行理解并掌握，就必须经历一个从特殊到一般、从具体到抽象、从感性到理性的认知过程。数学知识之间是相互联系的，这种联系使这些知识可以构成一个整体，所以整体建构也是单元复习课的重点。

单元复习课不是简单的知识回顾，因此教师在进行教学设计时，应先明确单元复习课的主线，如以知识体系为主线，归纳相关知识并进行概括总结，利用思维导图等方法来构建知识网络；或者以思想方法为主线，对于综合运用所学知识解题的相关策略进行概括等。

（三）层次性

虽然可以用年龄来粗略地划分儿童的认知发展阶段，但年龄并非衡量儿童认知发展阶段的主要标准。同一年级、同一班级的不同区域或不同成长环境的学生在认知发展上存在着一定的差异。这对于教师探讨课堂教学的有效性，以及怎样使教学和学生的认知水平相匹配有很大的启发。单元复习课的难点是如何做到让每个层次的学生都能在课上有所得。要科学设计单元复习课内容，指导学生构建自己的知识系统。同时，如何帮助学生通过教师的逐步引导从"不会"到"有点儿会"，再从"有点儿会"到"会"的顺利过渡更是值得深思的。有效的课堂教学应该是适应于学生认识水平并促进其认识发展的过程，而符合学生认知水平的教学应该具有一定的难度。在解决问题的过程中，教师不能把学生的思考往下拉，而应该促进学生的认识发展。

单元复习课应更加注重数学知识与方法的层次性和多样性，要让不同的学生在数学课上得到不同的发展。教师在进行单元复习课的教学设计时，应尊重学生认知发展规律，针对学生的特点对复习的容量、难易程度进行合理控制，结合复习内容设置梯度，进行分层教学。

三、单元复习课的核心素养分析

单元复习课有别于新授课的知识细化、习题课的技能技巧专练，也不同于习题评讲课的错因分析专项突破，而是以巩固梳理已学过的知识为主，旨在提升学生的综合能力，并扩展他们的发散思维，使其能顺利解决数学实际问题。

初中数学单元复习课在渗透核心素养的过程中需要关注以下几个共性的问题。

（一）关注单元复习课的重点

单元复习课主要是对一章内容的知识进行系统化梳理，如"二次根式"的复习主要是对本章涉及的知识点（二次根式的概念、性质、乘除法运算、化简等）进行系统规范的呈现，使学生对本章内容做到心中有数。

（二）关注学生学情和思维

单元复习课基于全班学生的综合水平，在知识体系呈现的方式上、例题精选的侧重点上、课堂提问的导向上都需要综合考虑。因此，教学必须对学生的知识掌握程度、解决问题的能力、课堂中可能遗忘的点或难点问题进行预估，以点带面或由点穿线的模式进行问题设置。在教学过程中，教师应给足学生思考的时间，多倾听学生反馈的解题方法和思维过程，听学生所说、思学生所想、看学生所做，做足和学生的沟通交流工作，提高学生体验数学解题过程的成就感。

（三）关注培养学生的思维能力

单元复习课是通过练习对知识进行再认识，加强知识间的横向联系，提升思维的纵向发展，因此选题把握的原则如下：选题不重复，题题有目的，道道有深意。知识体系是对思维的拓展，精选例题是对思维有目的性的训练，课堂设问是对思维梯度的深层引导，教师应在单元复习课中形成一个链条式推进的过程，逐步培养和拓展学生的思维模式，提高单元复习课的效率。

以核心素养为基础的单元复习课教学要求教师对数学有更深层次的了解，对活动进行有创意的设计，灵活设计问题串，并始终坚持对学生的创造力进行培养，真正把对学生核心素养的培养渗透到单元复习课的各个教学环节之中，从而达到促进学生全面发展的目的。

四、单元复习课存在的问题

（一）教师方面

复习目标不清晰。教师只是简单地进行习题训练，就题讲题，疑难问题讲不清、说不透。在单元复习课中，教师应该将重点放在对学生核心素养的培养上，因此对学生知识掌握的薄弱环节，在复习时应着重说明，切忌含混不清。很多中学教师有这样的经验论：单元复习课是重现所学的知识的过程。所以，部分老师在进行数学复习时，仅仅是根据原来的学习顺序，再一次将相关的概念、法则、公式等简单地梳理一遍，很少以学生的实际学习为基础，进行有针对性的教学设计，更没有针对学生的自身情况提升学生的核心素养。

过分强调"题海战术"的作用。教材内容是根据课程方案、新课标的要求编写的。试题在外，知识在书内，复习中必须吃透教材。部分教师过度强调练习题的重要性，让学生一遍一遍地去做练习题。这种重复的、没有任何新意的练习不仅会浪费学生大量的学习时间，还会让学生身心俱疲，逐渐失去对数学的兴趣和积极性。所以，教师应该重视对教材习题的练习，根据习题设计适当的变式练习，将教材与适当练习有机地结合起来。

忽视学生的课堂参与度。学生是课堂的主体，一切的教学活动都必须围绕学生开展，以发展学生的核心素养为目标。因此，学生是否能有效参与课堂、师生互动是否能够顺利开展是单元复习课是否有效的关键因素。

尽管大多数教师都已经意识到了教学与学习之间的重要关系，但是在实际操作过程中，仍有一些需要改进的地方。首先，部分教师在设计教学形式时的起点不够科学，没有以学生的认识规律、心理特征以及他们的兴趣为基础，造成了教与学之间的脱节；其次，在教学方法上，部分教师的教学方法缺少启发性，不能充分发挥学生的主观能动性；最后，没有重视教与学之间的相互转换，没有做到以教来引导学、以学来推动教。

（二）学生方面

学生对复习的理解有一定的偏差，部分学生把复习看作解决问题的过程；在单元复习课中，学习的目的并不明确，更多的学生将其看作为了熟悉题型、学会解题技巧，而对数学思维方法的总结和反思则比较少。

五、单元复习课教学设计策略

新课标指出：有效的教学活动是学生的学和教师的教的结合，学生是学习过程的主体，同时，教师是学习的组织者、引导者与合作者。教师在进行单元复习课的教学设计时，应围绕理念开展教学活动。

（一）明确单元复习课的目的

单元复习课的目的是温故知新、完善认知结构，帮助学生形成解题的思维方法，提高他们应用数学知识解决问题的能力，从而提高学生的核心素养。

中学数学教学在有限的时间里，不仅要温故知新，还要拓宽学生的思路，提高他们的解题能力。所以，针对学生的各个阶段，教师有针对性地制定相应的教学目标是十分必要的。在单元复习课中，因为刚学习完旧知识，学生对基础知识遗忘的情况并不多，他们需要的可能是建立一个知识网络，并进行思维的发散。在确定单元复习课的教学目标时，应把握好如下几个方面。

（1）目标应与新课标相结合。对知识点要有精确的掌握，并结合中考的要求，适当地进行一些扩展和迁移的思考。

（2）目标要有针对性。单元复习课涉及的知识点比较多，所以在上课之前，教师应该对学生有一定的了解，如果遇到一些个性化的问题，教师可以与学生进行一对一的沟通，重点解决一些共性问题。

（3）目标要具体，不能虚无缥缈。单元复习课要让学生对知识点有更深刻的理解，课堂效果要有的放矢。以"反比例函数"单元复习课为例，在教学目标的设置上，由于学生之前已学过一次函数和正比例函数，对函数有了初步认识，因此教师可以有意识地培养学生运用函数方法解决实际问题的能力，从而促进学生对反比例函数的学习。所以，在对教学目标进行设计的时候，不仅要注重学生对反比例函数图象和主要性质的理解，能够画出反比例函数的图象，还要注重学生探索使用反比例函数来解决问题的过程，从而提升他们解决实际问题的能力。在问题的设计中，应以图象为主体，层层深入、循序渐进地渗透"数形结合"的思想方法。在选择问题时，要注意与一次函数相结合。

（二）规划单元复习课的任务

单元复习课的内容、形式、操作方法都与新授课有着鲜明的不同之处。单元复习课的教学任务是把平时教学中点状、零散的知识系统化为线状、网状，把平时学生所学知识的疑惑点一一厘清，把平时学生所学知识中重要的思考方法提炼出来。如果说新授课是"画龙"，那么单元复习课就是"点睛"。

（三）制定好单元复习课的流程

1.回顾知识，加强理解

（1）加强小组合作，构建知识网络。如果复习知识点较多，可让学生课前在导学案上采用思维导图等形式梳理知识点，让学生了解所学内容之间的联系，并发展其归纳能力。课上教师展示学生的梳理成果，并补充完善知识体系。

在单元复习课中，除查缺补漏外，还应将单元复习课的目标设定为自主创造知识体系。学习是一个独立的过程，不能由教师来代替，怎样让学生自主地思考、探究、质疑，并将知识进行整理和系统化，是教师必须关心的问题。

（2）设置题组带动基础知识复习。单元复习课应根据复习内容，综合所学知识精心设置一些题组，以带动概念的复习，让学生在思考、运用中对所学知识进行再认识。在基础复习之后，教师可设计几个问题启发学生深入思考，让学生进一步理解知识、规律。

（3）设疑问、激兴趣，提高学生学习积极性。教师可以采用设置问题或任务的方式，引导学生回顾相关知识点，让学生在解决问题的过程中，自主唤起对知识的回忆，自觉将碎片知识梳理成系统知识。在设计问题或者任务的时候，教师要充分考虑不同类型的学生的特点，针对他们的思维层次来设计问题，充分激发学生对数学学习的兴趣，促使学生主动地投入学习。

2.精选例题，总结规律

挖掘教材中的例题、习题，进行灵活变换，让学生从多方面感知学习数学的方法，培养学生的应变能力，总结解题规律，提高复习效率。

挖掘教材中的例题、习题，可从以下几个方面入手：①一题多解、一解多题；②题目的条件和结论互换；③改变题目的条件；④把结论进一步推广与引申；⑤串联不同的问题；⑥类比编题。

比如，在设计"动点问题"单元复习课的时候，要注意这一节课学生的基础都比较扎实，所以教师应该更加注重激发学生根据自己现有的认知水平和经验进行自主发现、自主构建，让学生在自己思考和解决问题的过程中，体会数学学习的思想和方法。在设计这一节课的时候，教师要引导学生对动点会出现的一些普遍性问题进行思考：①求值问题；②由移动点组成的特殊图象问题；③确定图象的极值问题。在此基础上，通过"搬点移线"的方法，引导学生回顾运用轴对称特点求解极值问题所需的几个基本定理：①两点之间线段最短；②三角形两边之和大于第三边；③垂线段最短。

3.凸显数学思想，把握核心素养

数学思想方法是对数学内容与方法的一种精练，是人们对数学规律的理性理解，它的特点是相对稳定性。在教学过程中，设置复习项目的目的是使相关的数学观念得以渗透。比如，为了让学生的运算能力得到提升，可以设立以计算为主题的课题，在这个课题中渗透数与算的思想，从而让学生对运算进行优化的意识得到提升。

4.强化综合训练，提高数学能力

综合训练是学生在熟练掌握基础知识和基本技能的基础上，进行全面、系统、灵活的强化训练。在单元复习课中，教师应根据课标和教材，制定单元复习的教学目标；要以学生的实际学习情况为依据，采用适当的教学方法，从学生的角度出发；以学生的认知情况作为依据，让学生积极地获取知识，从中培养和发展智力，提高他们的素质。同时，教师要对课本中的例题、习题进行分类，并在此基础上进行变式练习。只有把学生放在第一位，一切教学设计都以学生为中心，单元复习课才能真正发挥它的现实意义。

第四节　专题课

专题课是指从某一重要的数学知识、数学技能或数学方法加以展开，纵向深入，对知识和技能的内在联系及数学思想和方法进行较为深入的剖析，围绕某些典型问题进行集中讲解，让学生系统地对数学知识、数学技能、数学思想方法进行聚合，促进学生学习知识、培养能力、发展核心素养，从而将立德树人的根本任务落实到数学教学中，真正实现数学学科的育人价值。

一、专题课的特点

（一）促进知识整合，形成知识框架

初中数学知识是相互联系、彼此关联的。然而，因为这些知识点分散在不同的学期，学生学习的数学知识是七零八散的，所以学生仅仅通过前期的学习很难系统地掌握这些数学知识。只有让学生将分散的数学知识整合起来，才能让他们更加透彻地理解相关知识，进而提高学习效率。在初中数学教学过程中，为了引领学生将分散的知识整合起来，教师必须要在整体把握教材内容的前提下，有的放矢地进行专题课的设计和开展。

（二）充分理解知识，把握知识本质

学习者只有将外部知识吸收内化为自己的知识，才能够对相关知识有更深层次的理解，进而把握知识的本质。初中数学知识是环环相扣、彼此关联的，仅仅通过前期的学习，相关数学知识之间的关系在学生的脑海之中还不够清晰，学生仍然没有完全理解相关数学知识。因此，教师应在充分了解学生已有知识结构的基础上，以核心素养为导向，精心设计主题鲜明的专题课，帮助学生深入理解知识及知识间的内在联系，构建完整的知识框架，从而把握知识本质。此外，教师还应积极通过类比、转化、化归等常见的研究方法，培养学生发现、提出、分析和解决问题的能力。

（三）注重学以致用，发展学生核心素养

学以致用是学习之根本目的，初中数学学习也是如此。让初中学生学习数学的根本目的之一是让他们灵活自如地运用相关数学知识有效解决现实生活中的各种实际问题。然而，学生的认知水平存在差异，仅仅通过前期的学习，他们对于相关数学知识的运用仍然不够熟练。为了切实提升学生运用数学知识解决各种实际问题的能力，教师必须要在立足教材教学内容的基础上，结合学生的实际学情，遵循认知规律，潜心设计能提升学生数学知识运用能力的专题课，让学生在解决问题的过程中，感受知识间的关联和共性。

（四）目标明确，针对性强

专题课不是盲目地强化训练，而是要根据教学目标，合理选择教学内容，通过练、评、反思的过程查漏补缺，从而掌握解题策略。教师应根据学情进行拔高、集中、归类，注重学生数学思想方法的形成，重视学生主体性的发挥。

二、专题课的分类

初中数学专题课的常见类型有专题复习课、专题探究课、数学思想方法专题课。

（一）专题复习课

专题复习课是在学生已经学完所有相关知识后，教师根据学情，合理选择课堂内容，引导学生回顾所学相关知识，厘清知识间的关联，并以帮助学生形成自己的知识网络、促进知识迁移为目的的教学。

（二）专题探究课

专题探究课是引导学生根据自己的知识结构，经历探索、发现、归纳、总结等过程，探究一类问题的常见规律，进而完善学生的知识网络，培养学生的发散性思维，发展学生的核心素养，激发学生创造性的教学。

（三）数学思想方法专题课

数学思想方法专题课是以数学思想方法为主线，让学生对各类不同知识类型所蕴含的共同数学思想方法进行归纳，发现问题的本质，促进学生对解题方法的深入理解，积累解题策略的教学。

三、专题课的核心素养分析

核心素养的发展是一切教学的最终目的。教师的教学活动是以发展学生核心素养为宗旨的。

专题课是数学教学的补充和拓展，是对教学内容进行结构化整合、对所学知识进行提升、发展学生核心素养的重要途径。

在不同的专题课中，教师应根据专题内容，有针对性地发展学生的数学学科核心素养。

在"数与代数"的相关专题课中，教师应在巩固知识环节，重视学生对算理的理解和掌握，在此基础上发展学生的运算能力。而在拓展提升部分，教师要特别注意学生推理意识的培养，尤其是代数推理能力的发展，让学生养成有条理表达和思考的习惯。

在"图形与几何"模块的专题课中，学生在新授课环节已经充分经历了观察、发现、猜测、推理论证、应用的过程，教师可以在此基础上对研究图形的性质、图形的变化等策略进行专题复习，发展学生的几何直观、空间观念及应用意识。此外，教师可以就某类图形的性质进行深入的研究设置专题，发展学生的模型观念及创新意识，从而加深学生对图形的认识和应用。

在"统计与概率"模块的专题课中，学生对于统计与概率的相关概念已经较熟悉，教师应侧重学生对统计与概率知识的应用。教师可以创设丰富的生活情境，让学生能从情境中抽象出数学问题，进而利用数学知识解决问题，在此过程中充分发展学生的数据观念、应用意识和创新意识。

总之，专题课具有多样性及多元性，教师可以深度挖掘专题课的切入点，以核心素养为导线，设置丰富的教学活动，以促进学生核心素养的发展。

四、专题课存在的问题

（一）形式单一

教师常把专题课按习题讲练课进行处理。因此，满堂灌、题海战术在专题课中经常出现，课堂比较枯燥乏味，学生的参与度也较低，发挥不了专题课巩固知识、查缺补漏、构建学生知识网络的功能。

（二）忽视思想方法的渗透

在应试教育的影响下，教师经常会把专题课设计成题型课，对学生进行题型或者解题套路的灌输，没有从思想方法上对学生进行渗透，从而导致学生形成定性思维。

（三）缺乏结构化

教师通常按照教材安排的内容及顺序以单元的形式进行教学，不能根据知识的结构及各单元间知识的联系进行教学设计，导致学生对于知识的理解不深入，学生就难以构建自己的知识体系。

（四）无法充分发挥学生学习的主体性

教师在进行专题课教学时，往往按照自己梳理的知识体系进行教学设计，然后开展教学。学生只是在教师的引导下被动地接受教师安排的内容，而对于知识体系的形成过程、形成方法和形成经验的积累，学生都是缺乏的。

五、专题课教学设计策略

（一）设计注意层次性

专题课主要是通过问题或典型例题引导学生思考，启发学生发现规律，促使学生形成自己的知识体系。因此，问题的设置、典型例题的选取是否科学成为是否能够达成本节课目标的关键因素。

然而，每个学生都是独立的个体，每个学生的认知水平、知识结构各不相同，因此不管是以何种形式进行的专题课，教师一定要根据学情，在问题设置上、典型例题分析时注意层次性，鼓励不同层次的学生多思、多问、多练。此外，精选内容中忌贪多、求难，应做到少而精，训练时既要有灵活的基础题，如选择题、填空题，又要有一定的综合题。其目的是训练学生灵活应用一些重要的数学思想方法，如数形结合法、分类法、函数法、几何中添加辅助线的方法，来解决三角、几何、代数等问题，掌握以二次函数、一元二次方程、圆、三角形等为基本框架的综合题的解题规律，有目的地培养学生将较综合的题目分解为较简单的几个小题目的能力，这样就能化繁为简，分步突破较难的综合题。同时，教师要给学生留足时间，让学生自己去体验、感受思维过程，从中积累和丰富自己解题的实践经验。

（二）选材要有目标性

在上专题课时，学生无论是跟随教师组织的专题进行复习，还是针对自己的薄弱环节所选择的专题进行训练，一定要明确专题课达成的目标。教师应充分结合新课标的要求，根据新课标对应的学业质量标准及评价建议，制定具体、明确、针对性强的教学目标。

教师应根据所制定的教学目标明确专题的主题、内容、常规思路及解题策略。在此基础上，再对每个教学目标选择有效的典型例题、设置富有启发性的问题，引导学生思考、尝试、归纳总结不同的问题，不仅要做到一题多解，训练发散思维，也要做到多题一解，训练聚合思维。

在典型例题的选择上，教师要充分利用教材资源，积极主动地对教材的例题、习题等进行变式及拓展思考，让学生对知识点或者解题方法有更深层次的思考，促进学生对知识的本质有更深入的理解。

（三）设计形式多样化

专题课是教师在已经完成新授课的基础上进行的，学生有一定的知识基础，但学生所学的知识多而杂，如果专题课只是简单地复习和重复，就不能有效完成教学目标。因此，专题课的内容及活动设计应以发展学生数学学科核心素养为导向，做到内容丰富、形式多样化。

初中数学专题课的形式要做到多样化，确定主线是关键。常见的确定主线的方式如下。第一，以章节为主线的专题课。这类形式适用于在完成一个单元或者几个单元的新授课后，教师以知识的生成过程、研究过程的共性为导线，选择专题，整理材料生成专题课。第二，以复习为主线的专题课。这类形式适用于学生学完一个系列的内容后，教师以研究策略和探究过程为导线，类比"大单元"教学的模式生成专题课。第三，以提升为主线的专题课。这类形式适用于学生已经对所学的知识有了较好的理解和掌握后，教师通过变式等形式对所学的知识进行拓展，然后引导学生归纳，发现规律。

第三章　核心素养下初中数学教学设计案例

第一节　小升初衔接课教学设计案例

【案例一】"神奇的 a"教学设计

一、教材分析

本节课"神奇的 a"为小升初衔接课，内容主要是用字母表示数、数量、运算律、计算公式、规律等。用字母表示数可以简明地表达数量及数量关系、运算律、计算公式等，能为分析问题和解决问题带来更多便利。用字母表示数是小学的内容，是培养学生"符号意识"的基础课，而本节课是小升初衔接课，是学生由具体的"算术语言"向抽象的"代数语言"的过渡，学生通过对生活以及数学中例子的分析，发现字母可以表示任意数，为后续学生学习一系列知识奠定基础。

这一节课通过生活情境帮助学生认识字母的含义和价值，使其学会用字母表示数量及数量关系、运算律、计算公式等，发展学生的抽象能力以及推理能力，渗透函数思想，同时感受字母在数学研究中的意义、数学与现实生活的联系，进一步发展学生的符号意识和抽象能力，渗透从特殊到一般的研究方法及代数推理的意识，增强学生的数学应用意识，使其体会数学的价值。

二、学情分析

在小学阶段，学生对用字母表示数字有了基本的了解，如用字母表示未知数、用字母表示公式和运算律等，但由于受抽象思维水平的制约，学生对字母表示数字的知识仍停留在表面，仅限于在具体情境中用字母表示正数的情形。此时代数思想已经初步萌芽，然而，用字母表示其中的量，进而表示数量关系或规律，再综合运用数学知识解决问题，甚至将问题推广到更复杂的情形对学生来说比较困难。小学阶段相较于本节课的学习内容而言较为简单，对知识点的掌握比较容易。本节课是学生从算术思维向代数思维过渡的起点，该阶段学生学习的大多数是具体的数和具体的运算，虽然也有一定的代数思维萌芽，但具体算术思维占据主体地位。

除此之外，本节课或者说初中阶段数学的教学内容提高了知识点的深度，知识点的容量与广度也有所提升，知识内容也由具体化过渡为抽象化，所以一部分学生不能很快适应本节课的教学内容与学习方法。

三、教情分析

本节课是小升初衔接课，教师难以准确把握学生的情况。小学阶段数学教学重点在于帮助学生为今后的数学学习打下良好的基础，而初中阶段数学教学重点在于培养与发展学生的数学思维能力。所以，小学数学和初中数学在客观上存在不同，教师必须对这一节课的衔接问题给予足够的关注，并采取一种积极而又有效的衔接方法、选用合适的教学方法做好本节课的教学，为学生打造自然的衔接学习氛围，利用本节课有效完成小学到初中数学的完美过渡。

在本节课的教学中，学生具体算术思维成为教学的最大难点，教师应引导学生在具体的表达中实现思维向抽象跃升。本节课的教学要格外注重引导学生经历从已知到未知的过渡，明确已知的用数表示、未知的用字母表示，感受字母表示数的必要性和简洁性，体会在同一个问题中，不同的对象用不同的字母表示，帮助学生经历未知数—字母—含有字母的式子的过渡，使学生对用字母表示数有深刻的理解和深度建构，促进思维的深度发展。本节课重视引导学生在体验和感悟中发展抽象能力以及推理能力。当学生产生认知冲突、意识到用具体的数没有办法表示出一些不确定的、未知的对象时，用字母表示数就很容易理解了。

四、教学目标

（1）帮助学生认识字母与数字的含义，会用字母表示数和数量关系，感受用字母表示数的必要性、简洁性和一般性。

（2）引导学生体验探索用字母表示数的抽象过程，培养学生更深层次的符号意识，培养抽象能力、推理能力，渗透函数思想，体会从特殊到一般的研究方法，感受字母表示数的简洁美。

（3）使学生感受代数，将数学与实际生活进行联系，提高学生的数学应用意识，从而领悟数学的价值。

五、教学重难点

教学重点：理解用字母表示数的意义，会用字母表示数和数量关系。

教学难点：探索并用代数式表示规律，发展代数推理的意识。

六、教学条件准备

用软白板及希沃软件投影功能，及时呈现教学内容和与学生的互动结果，发展学生的符号意识。

七、教学设计

（一）寻踪迹

1. 想一想

生活中有哪些地方用到了字母？

2. 做一做

（1）写出一个你喜欢的字母：＿＿＿＿＿＿＿＿＿＿＿。

（2）在白板上写出一个与这个字母有关的式子。

（3）你所选的字母和式子分别表示什么？

（4）这个式子还可以表示什么？

注意：同一个字母在不同的问题中可以代表_____的量。

【师生活动】 学生分享生活中及各学科用字母表示数的实例后，教师引导学生完成"做一做"并展示学生所写的代数式。

【设计意图】 让学生感受字母在生活和不同学科中的应用，使学生体会同一代数式被赋予不同的实际背景将表示不同的实际意义，体现代数式的抽象性和适用的广泛性，在一定意义上体现数学模型的思想。

（二）正衣冠

1.书写攻略

乘法：

（1）在含有字母的式子中如果出现乘号，通常将乘号写作"·"，或者省略不写。

（2）当数字与字母相乘时，数字通常写在字母前面。例如，$100 \times a$ 通常写成 $100 \cdot a$ 或 $100a$。

（3）特别地，1 或 –1 与字母相乘时，"1"通常省略不写；带分数与字母相乘时，把带分数化成假分数。

除法：通常写成分数的形式。

2.实践

请阅读"书写攻略"后，检查黑板上的式子是否规范，并完成下列填空。

（1）a 乘以 –2 可写成：_____。

（2）a 乘以 a 可写成：_____。

（3）1 乘以 a 可写成：_____ ；–1 乘以 a 可写成：_____。

（4）a 除以 4 可写成：_____。

（5）a 乘以 $1\frac{1}{2}$ 可写成：_____。

【师生活动】 学生自主阅读"书写攻略"并自行完成填空，教师投影学生的书写，让学生上台纠错，并提醒学生代数式书写的注意事项。

【设计意图】 培养学生自主阅读的能力及规范书写的习惯。

3.试一试

（1）今年小哼 m 岁，去年小哼_____岁。

（2）在数轴上，点 A 表示的数为 a，将点 A 向左移动 2 个单位长度至点 B，则点 B 表示的数是_____。

（3）已知某城区某日的最高温度为 x 摄氏度，最低温度为 y 摄氏度，则这天某城区的温差为_____摄氏度。

（4）已知长方形的面积为 S，长为 a，则宽为_____。

注意：在同一个问题中，不同的量要用_____的字母表示。

【师生活动】学生独立完成后教师展示。

【设计意图】考查学生对代数式规范书写的掌握情况；让学生明确同一个问题中，不同的量要用不同的字母表示。

4.想一想

（1）为什么字母可以参与运算呢？

字母可以_____。

（2）字母可以表示哪些数呢？

【师生活动】学生思考后回答。

【设计意图】通过实例，帮助学生用字母表示不同的数，感受字母可以表示任何数。

（三）通幽径

观察下列各组数，说说每组数各有什么特征。

（1）…，-3，-2，-1，0，1，2，3，4，5，6，…

能用符号表示这组数吗？

（2）…，-8，-6，-4，-2，0，2，4，6，…

能用符号表示这组数吗？

【师生活动】学生用文字语言描述每组数的特征后，教师启发学生用代数式进行表示。

【设计意图】体会代数式的简洁美和一般性。

（四）攀高峰

【问题提出】

将棱柱的表面沿某些棱剪开，展成一个平面图形，需要剪开几条棱？

【问题探究】

（1）请写出将下列棱柱的表面沿多少条棱剪开可以展成一个平面图形。

棱柱	三棱柱	四棱柱	五棱柱	六棱柱	七棱柱	……	n棱柱
剪开的棱数/条							

（2）请用符号表示你的发现。

（3）回顾刚才的探索过程，说说你是如何研究这个问题的。

【问题发现】

将棱柱的表面沿某些棱剪开展成平面图形，棱柱的底面边数每增加1，需要剪开的棱数增加_____。

（1）你会如何研究这个问题呢？说说你的策略。

（2）你遇到了什么困难？

【师生活动】学生小组讨论后，各组派代表分享讨论的结果，教师根据学生回答的内容进行适当板书。

【设计意图】让学生体会从特殊到一般的研究方式，积累研究数学问题的方法和经验。发展学生的合作交流能力、语言表达能力及用数学的知识解决实际问题的能力，初步渗透代数推理的意识。

（五）谈收获

你对"神奇的 a"有什么新的理解和认识？

【师生活动】教师给学生时间，让学生充分表达，畅谈收获。

【设计意图】鼓励学生大胆表达，再次感受字母表示数的优越性。

（六）目标检测

1.下列式子的书写规范的是（　　　）。

A.（1-10%）mn　　　B.5÷m　　　　C.a-10 米　　　D.$1\frac{3}{4}a$

2. 某商店促销的方法是将原价 x 元的衣服以（$0.8x-10$）元出售，意思是（   ）。

  A. 原价减去 10 元后再打 8 折   B. 原价打 8 折后再减去 10 元

  C. 原价减去 10 元后再打 2 折   D. 原价打 2 折后再减去 10 元

3. 为了帮助受灾地区重建家园，初一（10）班全体师生积极捐款，捐款金额共 3 200 元，其中 7 名教师人均捐款 a 元，则该班学生共捐款＿＿＿＿＿＿＿元。

4. 正方形的边长是 a cm，当边长增加 b cm 时，它的周长是＿＿＿＿＿cm，面积是＿＿＿＿＿cm²。

5. 现代的数学符号体系不仅使得数学语言变得简洁明了，还能更好地帮助人们总结出便于运算的各种运算法则，简明地揭示数量之间的相互关系。我国在 1905 年清朝学堂的课本中还用 "$\dfrac{五}{丁_二} \top \dfrac{三}{丙_二} \perp \dfrac{二七}{甲_二乙_二}$" 来表示相当于 $\dfrac{d^2}{5} - \dfrac{c^2}{3} + \dfrac{a^2b^2}{27}$ 的代数式，观察其中的规律，则 "$\dfrac{六}{六乙_二} \perp \dfrac{三}{乙_二} \perp \dfrac{甲}{丙_二}$" 表示＿＿＿＿＿＿＿＿＿＿。

6. 如图所示，搭一个正方形需要 4 根火柴棒。按这种方式继续搭建，则搭 n 个这样的正方形需要＿＿＿＿＿＿＿根火柴棒。

7. 对于密码 L dp d $vwxghqw$，如果破译它的"钥匙"为 $x-3$，按这个规律，密码 L dp d $vwxghqw$ 表示＿＿＿＿＿＿＿＿＿＿＿＿＿。

八、板书设计

神奇的 a		
书写攻略 乘法： 除法：	问题探究	图片

九、教学反思

（一）重视学生符号意识的培养

本节是进一步发展学生符号意识的很好的内容载体之一，主动使用符号、利用符号表示和符号运算解决实际问题是符号意识的表现之一。在"通幽径"和"攀高峰"环节，教师先让学生通过自己的方式对所发现的结果进行描述，然后再启发学生利用数学符号进行表示，让学生在这个过程中体会用字母表示数的简洁美和一般性。

（二）引导学生感受从具体到抽象的归纳思想

在规律探索环节，教师要在具体的情境中提出相应的问题让学生思考和回答，通过多个特殊情形的研究发现规律，进而利用数学符号进行一般化的表达，在此过程中让学生经历符号化表达的过程，体会从具体到抽象的思考问题的方法。

（三）关注学生的数学表达和合作交流的能力

本节课应关注学生对代数式实际意义的解释、对所发现规律的语言描述，使学生学会通过数学符号表示数。在"寻踪迹"环节，对于学生所写的式子，教师应创设宽松自由的氛围，让学生大胆地表达、体会用字母表示数的多样性和优越性。在"攀高峰"环节，学生通过讨论棱柱需要剪开几条棱才能展成平面图形，积累研究问题的经验和培养合作交流的能力。

教师可以在课堂上多展示学生所写的式子，让学生充分表达；在合作交流的环节，给学生预留充足的时间，分享每个小组的研究方法，并鼓励学生用自己的语言进行表达后努力用字母表示所发现的规律，发展学生的发散思维、抽象能力及推理能力。

第二节 新授课教学设计案例

【案例二】 "多边形和圆的初步认识"教学设计

一、教材分析

本节课是北京师范大学出版社《义务教育教科书·数学》七年级上册第四章基本平面图形中的第三课时——多边形和圆的初步认识的内容。

（一）内容

认识多边形及其相关概念，了解正多边形及其相关概念，了解圆及其相关概念，认识扇形的概念，学会计算扇形图形的圆心角度数，学会计算扇形图形的面积，了解分割多边形的相关结论和规律。

（二）内容解析

七年级学生在小学阶段已经认识了一些基本的几何图形，但对图形的特性和基本性质还没有深入的了解。本节课采用诱导式的教学方法，在课前先呈现实际生活中的一些平面图形，吸引学生的兴趣，提高学生的学习热情。通过建筑或生活中物品的形状抽象出四边形、五边形等这些基本几何图形，通过这些具体图形的呈现，学生认识到由边构成的几何图形，从而引出多边形的定义和对角线的概念。从多边形对角线的绘制出发，探究多边形中的一些性质和规律，初步得出一些相应的结论。这一过程可以培养学生的抽象能力和空间观念。

本节课运用多媒体教学呈现生活中的实际事物，为学生提供丰富、生动的生活素材，并运用科学技术向学生呈现几何图形丰富的变化，激发学生探索数学知识的欲望，让学生尝试自主探究并归纳出相应的初步结论。本节课从培养学生抽象能力和空间观念的角度出发，进行了如下设计：①创设情境；②学习新知；③自主探究；④应用巩固；⑤回顾思考。

基于以上分析，本节课的教学重点是引导学生从实际事物中凝练并抽象出平面图形，引导学生在日常生活的情境中认识多边形、圆形以及扇形。

二、学情分析

初中学生在日常生活中能接触到三角形或四边形的路牌、圆形的瓶罐等，也在小学学习阶段认识并学习了三角形、圆和四边形等基本图形，因此对本节课内容有一定的概念基础和认识基础。虽然学生在小学学习阶段已经对身边的多边形和圆有了基础的认识，但是对于多边形和圆的概念及各种性质的了解不够深入，教师需要引导学生，使其对于多边形和圆的理解更加系统、更加深刻。基于此，学生才可以在实际学习中比较顺利地完成知识的过渡、更新及完善，在数学课程学习中也能发挥好想象力和主观能动性，充分利用现有知识，从多维度理解与掌握课本中的多边形和圆。

三、教情分析

教师应利用七年级学生现有的抽象思维能力，使其学会用数学语言和数学符号表达题目和结论，同时提高其观察生活的能力、发现问题的能力、分析问题和解决问题的能力。

基于以上分析，本节课的教学难点是通过探索分割多边形的一些规律，培养学生的应用意识，使其学会把数学应用于解决生活实际问题。

四、教学目标

（一）目标

（1）利用学生家庭情境、学校学习场景带领学生认识几何图形，了解身边多边形的种类，了解课本中多边形的相关概念，认识生活中常见的正多边形、圆及扇形并了解其相关概念，引导学生仔细观察、思考扇形和圆形的关系，再根据计算方法求出扇形的圆心角的度数。

（2）引导学生掌握从身边的规则物体中抽象出平面图形的方法，感受多种多样图形的几何美，培养其空间观念和抽象能力。

（3）通过小组探究活动，发展学生的合作能力和归纳能力，使其在探究过程中体会数形结合和由特殊到一般的数学思想，在探究过程中发展学生数学抽象和空间想象等数学核心素养。

（二）目标解析

达成目标（1）的标志是学生能说出多边形及其相关概念，能说出扇形的概念并计算其圆心角及面积。

达成目标（2）的标志是学生能在具体的情境中找出多边形及扇形等，能从具体事物中发现多边形和扇形的特征。

达成目标（3）的标志是学生能在规律探究中通过列举具体例子发现规律并进行归纳和概括。

五、教学重难点

教学重点：带领学生体验生活中的多边形和圆，引导学生将现实世界的规则物体进行转换，再抽象出平面图形，最后结合具体情境教导学生认识几何图形。

教学难点：引导学生探索平面图形的常见规律，带领学生感受丰富的图形世界，指引学生养成把数学知识应用于实际生活问题的习惯。

六、教学条件准备

利用几何画板呈现几何图形的特征及其变化规律；利用希沃软件投影功能呈现学生的探究成果，在师生共同探讨中发现规律，归纳概括新知。

七、教学设计

（一）问题导入

1.提出问题，创设情境

问题1：观察课件上的图片，你能从中找到哪些熟悉的平面图形？

2.目标导引，预学探究

问题2：阅读课本第128页内容完成下列填空：

（1）多边形是由若干条_____首尾顺次相连的_____图形。

例：下列图形是多边形的有_____（只填序号）。

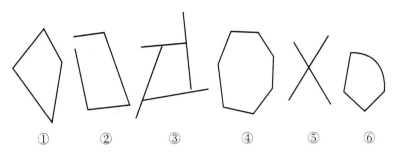

①　　　　　②　　　　　③　　　　　④　　　　　⑤　　　　　⑥

注意：

多边形是一种凸出的形状，它的每一条边都在同一条直线上。

（2）如图，在多边形 $ABCDE$ 中，_____是多边形的顶点；_____是多边形的边；_____是多边形的内角（简称角）。

（3）连接不相邻两个顶点的线段叫作多边形的对角线，如_____。

（4）请在图中画出多边形的所有对角线。

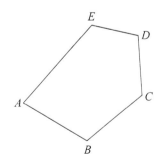

【师生活动】通过呈现日常生活中的图片，让学生从中找到几何图形，并在教师引导下归纳多边形定义及其相关概念。

【设计意图】让学生体会数学来源于生活。引导学生从现实世界中抽象出数学图形与概念，并通过相应的练习进一步明晰概念的严谨性，通过动手作图理解对角线的定义，感受数学与生活的联系，通过培养学生的几何直观技能，让他们能够更好地运用图像来表达和分析数学概念，从而更加清晰、形象地表达出复杂的数学问题。通过实践操作，帮助学生体现"做数学"的过程，并通过画图、交流、探索、观察、思考等一系列的数学活动，使其形成认知冲突，加深对多边形的定义的理解，培养学生的逻辑思维和文字表达能力，从而提升他们的素质。

（二）探索新知

探究 1：小组合作完成关于 n 边形的顶点、边、内角、对角线的探索。

（1）三角形有几个顶点，几条边，几个内角？四边形有几个顶点，几条边，几个内角？n 边形呢？

（2）从四边形的一个顶点出发，可以画出几条对角线？从五边形的一个顶点出发，可以画出几条对角线？n 边形呢？

（3）从 n 边形一个顶点出发的对角线，可以把 n 边形分割成多少个三角形？

结合以上的探究完成以下表格：

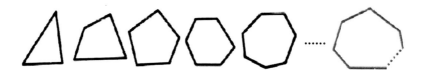

多边形	三角形	四边形	五边形	六边形	七边形	……	n 边形
顶点数						……	
边数						……	
内角数						……	
对角线数 （从一个顶点出发）						……	
三角形个数						……	
对角线总数						……	

【师生活动】学生小组合作探究 n 边形各要素间的数量关系，教师引导学生利用表格进行归纳，并通过特殊到一般的思想方法尝试归纳总结出相应的结论或规律。

【设计意图】培养学生的合作精神和探究精神，使其利用表格对多边形各要素间的数量关系进行直观呈现，并引导学生归纳一般多边形的数量关系。通过实际案例的分析和深入探究，帮助学生更加熟悉数学思维方法，从而提升他们的运算技能和推理能力。这张表格旨在帮助学生更好地了解多边形的特征，包括内角、顶点、对角线以及边的数目，让学生可以更加深入地观察、思考、总结，从而提高他们的逻辑思维能力。通过归纳、类比等思考方式，学生能够将个别情况转化为普遍规律，这不仅有助于他们发掘、提炼、构建数学概念、规律、联系以及推断，而且能够促进他们的进步。

探究 2：正多边形的定义。

观察下列图中的多边形，说说它们的各边和各个内角有什么特点。

结论：各边相等，各角也相等的多边形叫作＿＿＿＿＿＿＿＿＿＿。

想一想：你知道正 n 边形长什么样子吗？

通过几何画板进行演示，呈现正三边形、正四边形、正五边形等，以此类推，了解正 n 边形随着 n 的增大越来越接近圆的规律。

【师生活动】学生根据特殊多边形的特征归纳正多边形的概念，教师引导学生思考随着边数的增加正多边形的特征。

【设计意图】让学生明确正多边形具有的特征。教师利用几何画板进行演示，呈现正 n 边形随着 n 的增大越来越接近圆的规律。通过此课程的学习，帮助学生感受数学的几何美，激发学生学习数学的兴趣，培养学生的推理能力。

探究 3：圆的定义及相关概念。

1. 你还记得用哪些方法可以画一个圆吗？你能借助一根绳子和一支笔画出圆吗？

2. 定义：

（1）平面上，一条线段 OA 绕着它固定的一个端点 O 旋转一周，另一个端点 A 形成的图形叫作＿＿＿＿＿＿。固定的端点 O 称为＿＿＿＿＿＿，线段 OA 称为_____。

（2）圆上任意两点 A、B 之间的部分叫作_____，简称弧，记作_____，读作"圆弧 AB"或"弧 AB"。

（3）由一条弧 AB 和经过这条弧的端点的两条半径 OA、OB 所组成的图形叫作_____。

（4）顶点在圆心的角叫作_____。

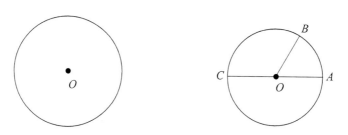

【师生活动】学生利用教师提供的绳子和笔进行圆的绘制，在探究中认识圆及扇形的相关概念。

【设计意图】利用简易的工具让学生感受圆，培养学生的动手能力和实践能力。在绘制的几何图形中明确弧、扇形以及圆心角的概念，培养学生的模型思想。通过"冲突"这个实例，学生可以直观地感受到圆的特征，并通过观察画圆的过程抽象出圆的动态定义。在交流中，学生可能会遇到表达不清的问题，这正是我们希望他们能够发展出有条理的思维和表达能力的机会。

探究 4：计算圆心角的度数。

例：如果一个圆被从圆心出发的半径分成三个扇形，且这三个扇形的圆心角的度数比为 1：2：3，你能求出这三个扇形对应的圆心角的度数吗？

探究 5：计算扇形的面积。

（1）根据图像，我们可以将一个圆划分为三个相同大小的扇形，并计算它们的圆心角的度数。此外，我们还可以探究每个扇形的面积与整个圆的面积之

间的联系以及它们的变化趋势。

（2）请你画出一个半径为 2 cm 的圆，并在圆中画一个圆心度数为 60° 的扇形，你能计算这个扇形的面积吗？

归纳：扇形的面积 =＿＿＿＿＿＿＿＿＿＿＿＿＿＿＿＿＿＿。

【师生活动】通过具体的例题让学生思考并尝试计算圆心角度数和扇形面积。教师引导学生对圆心角和扇形面积的计算方法进行归纳。

【设计意图】让学生在计算中思考圆心角度数与圆周角度数之间的关系，体会扇形面积与整个圆面积之间的关系。通过使用图表来描述和分析问题，学生可以更好地认识几何直观，这有助于把握总问题的本质，明晰思维的路径。教师通过利用几何模型、数形结合、微视频动态演示等教学策略，进一步描述问题，并指导学生寻找解决方案，有效培养学生几何直观核心素养，同时培养学生数形结合的思想。

（三）学以致用

积累巩固：

1. 下列说法正确的是（　　　　）。

A. 由不在同一直线上的几条线段相连所组成的封闭图形叫作多边形

B. 一条弧和经过弧的两条半径围成的图形叫作扇形

C. 三角形是最简单的多边形

D. 扇形是圆的一部分

2. 把一个四边形的木板锯掉一个角，那么剩下木板形状不可能是（　　　　）。

A. 三角形　　　　B. 四边形　　　　C. 五边形　　　　D. 六边形

3. 八边形的对角线总共有（　　　　）。

A. 5 条　　　　B. 20 条　　　　C. 24 条　　　　D. 40 条

拓展延伸：

4. 将一个圆分割成四个扇形，它们圆心角的度数之比 1 : 2 : 3 : 4，则这个扇形圆心角的度数依次为＿＿＿＿＿、＿＿＿＿＿、＿＿＿＿＿、＿＿＿＿＿。

5. 如下图所示，把一个圆分成四个扇形，若该圆的半径为 4 cm，你能求出它们各自的面积吗？

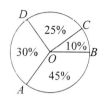

（四）课堂小结

通过本节课学习，你掌握了哪些知识？探究过程中用了哪些方法？还存在什么疑问？

【设计意图】教师归纳总结并梳理一节课的知识点，这不仅可以增强学生的学习效果，而且为了让学生更好地复习"有用性"，还可以为他们提供一个交流和倾听的平台，让他们能够将所学知识进行总结，构建自己的知识经验，增强学生的自信心，激发他们学习的热情，鼓励他们勇于表达。基于此，学生可以体会到探究问题的基本方法，如观察、类比、抽象、归纳等，从而更好地掌握知识，提高学习效率，提升学习能力。教师的指导和帮助是这一切的关键。

（五）布置作业

（1）必做：《课堂精练》第 42 页第 5 节。

（2）选做：《课堂精练》第 4 页联系拓广。

【师生活动】学生通过练习检验本节课所学的内容，教师引导学生回顾学习的知识并进行小结，布置分层作业。

【设计意图】对练习进行基础与提升不同难度的分类，让学生有根据性地检验课堂所学，并根据学生不同的学习能力和掌握情况布置分层作业，适应不同层次的学生。通过最后的课堂回顾，对本节课学习的知识框架进行梳理和小结，鼓励学生踊跃发言。

八、板书设计

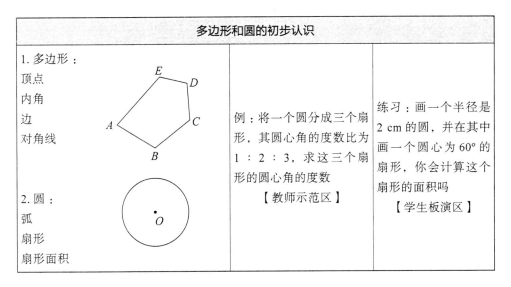

多边形和圆的初步认识		
1. 多边形： 顶点 内角 边 对角线 2. 圆： 弧 扇形 扇形面积	例：将一个圆分成三个扇形，其圆心角的度数比为1：2：3，求这三个扇形的圆心角的度数 【教师示范区】	练习：画一个半径是2 cm的圆，并在其中画一个圆心为60°的扇形，你会计算这个扇形的面积吗 【学生板演区】

九、教学反思

　　这节课的重点是通过数学活动来帮助学生理解平面图形的概念，同时让他们有机会参与各种实际的数学活动，从而获得丰富的数学经验。通过学习，培养学生积极的情绪、乐观的态度，以及通过动手、动口、动脑的方式，培养学生良好的观察、分析和概括能力，从而进一步提升个人的素质。这节课涉及的概念非常广泛，每个部分都会努力促进个人、小组、全班学生和教师之间的交流。通过这种方式，学生可以更好地理解数学的价值，并且可以通过互相交流提高学生的思维能力。本节课的设计理念是以实际背景为基础，运用数学思维来探究问题，然后以数学的视角来分析问题，深入理解概念，最后将新的知识融入学生的认知体系中。

【案例三】"一元一次方程"教学设计

一、教材分析

　　本节课是北京师范大学出版社《义务教育教科书·数学》七年级上册第五

章一元一次方程中的第一课时——认识一元一次方程。本章属于"数与代数"领域，本章的重点之一在于把方程作为一个工具去分析问题、解决问题，也就是根据问题中的等量关系建立方程模型。在学习认识一元一次方程之前，学生已经学习了有理数的运算、代数式。本节课是初中阶段应用数学知识解决实际问题的开端，也是今后学习一元一次方程组、一元二次方程、二元一次方程、二元一次方程组的基础，是学生体会数学价值观，以及增强学数学、用数学意识的重要题材。

本节课共两课时，该教学设计为本节的第一课时，教材从有趣的"猜年龄"游戏入手，通过对五个熟悉的实际问题的分析，帮助学生结合已有知识，寻找等量关系，建立方程，在此基础上引导学生逐渐体会方程是刻画现实世界、解决实际问题的有效数学模型。本节课通过回顾学生研学旅程中的生活实例，帮助学生理解一元一次方程及解的概念，会利用一元一次方程分析和解决生活中的实际问题，培养学生抽象能力、运算能力、模型概念等核心素养。

二、学情分析

七年级学生具有活泼、好动、好奇的特点，教师在教学过程中应通过一些有趣的情节构建积极和谐的教学情绪场。又由于七年级学生的认知特点，认识问题不够全面周到，所以在教学中要注意引导和启发学生，并注意培养他们的数学表达能力和归纳能力。

本节课是学生在学习了有理数、实数以及代数式之后第一次接触方程。学生在小学中已接触过方程，了解了什么是方程，什么是方程的解，但并没有深入地、系统地学习，因此本节内容是小学与初中知识的衔接点。此阶段学生的抽象概括能力还在发展当中，不够稳定，但学生有较强的进取心、好奇心和好胜心，初步养成了与他人合作交流、勇于探索的良好习惯。本节课的学习能培养学生的归纳概括能力，提高学生的数学应用意识。

三、教情分析

数学来源于生活，应用于生活。本节课本着"以学定教、探索为主线、思维为核心"的教育理念，在教学过程中创设引人入胜的问题情境，使学生亲自经历模型化的这一过程，帮助他们理解一元一次方程的意义，调动他们学习的积极性。教师要关注学生数学活动经验的积累、思维水平的提高，以及运用数学知识解决问题的能力；关注学生的差异性，因材施教；重点突出学生思考、分析问题的过程，让学生经历借助关系式、表格等方式寻找等量关系的过程，感悟分析问题方法的多样性，提高他们的阅读、分析和理解能力。

四、教学目标

（1）理解一元一次方程及解的概念，会识别一元一次方程；了解方程的解，会验证方程的解；知道怎样列方程解决问题，感受方程作为刻画现实世界的有效的模型；形成模型观念，进一步发展运算能力。

（2）在使用与比较算术和方程方法的过程中，感受方程与化归思想，培养数感，体会用方程解决某些问题的优越性，提高实际问题的解决能力；在与他人合作交流中，能够严谨、准确地表达自己的观点，并能较好地理解他人的方法和结论，能够回顾解决问题的思维过程，反思解决问题的方法和结论。

（3）经历数学史的融入，感受数学文化的博大精深；在解决数学问题的过程中，能够克服困难，树立学好数学的信心，感受数学与生活是息息相关的，从而从数学学习中欣赏数学之美，养成独立思考的学习习惯。

五、教学重难点

教学重点：一元一次方程的概念及列方程。

教学难点：寻找问题中的数量关系，列出一元一次方程。

六、教学条件准备

多媒体课件。

七、教学设计

（一）创设情境，引出课题

引入丢番图的墓志铭：

"路过的人，这里埋着丢番图。如果你懂得碑文的奥妙，它会告诉你丢番图的一生有多长。

"他生命的 1/6 是愉快的童年；

"当生命的 1/12 又消逝，他的脸颊上留下了一丝丝细长的胡须；

"再过去 1/7 的年华，他步入婚姻的殿堂，开启了一段美好的新生活；

"五年后天赐贵子，他感到很幸福；

"不料他的爱子竟然早逝，生命只有父亲的一半；

"自从孩子去世后，悲伤只能用数学研究去弥补；

"又过了四年，他也走完了人生的旅程。"

【师生活动】学生齐声阅读，引导学生独立思考，举手回答"请你利用算术方法求出丢番图的一生有多长？"的问题，记录学生用算术方法计算的用时。

本次教学旨在利用文本中的数学历史知识，为学生提供一个有趣、丰富的学习环境，以唤起他们对数学的热情。

（二）名人名言

笛卡儿曾经指出："无论是什么样的复杂情况，只要能够通过数学和代数的思维来分析，就能够把它们转换成简单的方程，从而使得所有的难题得到有效解决。"

引入数学文化能够提升学生对学习的热情。使用方程来描述现实世界中的等价关系是非常重要且必要的。

（三）寻踪迹

情境 1：此次实践活动中学生体验做粽子、采茶制茶、做米糕等活动，吴老师拍的学生单人照中，女生的照片是男生照片的 2 倍多 9 张，若男女生单人照共 300 张，试问男女生照片各多少张？

教师指导学生进行独立思考，提出问题，学生积极参与，教师给予肯定和鼓励。

预设回答：

由题意可得到数量关系式（2× 男生照片＋9）＋男生照片 =300，

解得男生照片为 97 张，女生照片为 203 张。

情境 2：天福石雕园闽台民俗馆的平面图是一个长方形，长比宽多 15 m，面积为 250 m²，求长与宽分别是多少。

【师生活动】教师引导学生独立思考，动笔作答。学生举手回答，教师对学生回答进行评价并鼓励。

预设回答：

由题意可得到数量关系式：（宽＋15）× 宽 ＝ 250，

解得宽为 10 m，长为 25 m。

情境 3：布袋木偶戏是漳州的传统民俗艺术，普通的一个布袋木偶的单价为 600 元，现推出优惠方案，顾客每多买一个单价少 8 元，买多少个单价为 456 元？（售价不低于成本价）

问题 1：若设顾客买了 x 个，你还能用 x 表示哪些量？

问题 2：填写表格。

x	5	10	15	18	20
$600-8x$	560	520	480	456	440

问题 3：吴老师与其他老师准备合买布袋木偶，请问他们买多少个的单价为 456 元？

【师生活动】教师引导学生四人为一组进行小组讨论。教师巡视指导，学生动笔作答，一段时间后，教师提问小组代表回答以下问题：

（1）在这道题中同学们看到了哪些数量词？

（2）这些数量词之间的关系是什么？

（3）根据列出的数量关系可以列出怎样的方程？

教师鼓励学生积极参与讨论，并对他们的回答进行评价。

通过将方程的理论与日常生活紧密结合，学生可以感受到数学与日常生活之间的联系。"再发现"课程可以激发学生的学习热情，并通过实践活动培养他们的创造性思考能力。通过精心挑选的例题，教师旨在将理论与实践相结合，以激发学生的学习热情，鼓励他们积极运用所学的数学知识来解决实际问题，并将方程的概念融入其中，以培养他们独特的数学思维与技能。

（四）通幽径

问题4：请同学们仔细观察这三个方程，找出它们的共同点。

① $2x + 9 + x=300$；② $x^2 + 15x=250$；③ $600-8x=456$。

预设回答：都只含有一个未知数。

追问1：①式和③式与②式之间有什么不同之处？

预设回答：①式和③式未知数的指数为1，而②式未知数的指数为2。

追问2：根据未知数的情况，你认为哪些式子是一元一次方程？你能不能尝试归纳出一元一次方程的定义？

【师生活动】教师引导学生独立思考。学生举手回答，教师对学生回答进行评价并鼓励。

教师根据学生回答进行归纳总结：在一个方程中，只含有一个未知数，且未知数的指数都是1，这样的（整式）方程叫作一元一次方程。

注意：必须满足三个条件。①两边都是整式；②只含有一个未知数（元）；③未知数的次数都是1（次）。

教师引导学生从未知量的角度来探究一元一次方程的定义，指出只包含一个未知量，而这个未知量的指数也是一次的方程，就叫作一元一次方程。

【设计意图】通过学生观察、分析、归纳，合作讨论，引出一元一次方程的概念，提高学生的观察能力和归纳概括能力，培养学生抽象能力的核心素养。

练一练：下面各式中，哪些是一元一次方程？

（1）$5x=0$ （2）$1 + 3x$ （3）$y^2=4 + y$

（4）$3m + 2=1-m$ （5）$\dfrac{5}{x} =3$ （6）$\dfrac{x-1}{2}+\dfrac{x}{3} =1$

【师生活动】教师引导学生独立思考。学生举手回答，教师对学生回答进行评价并鼓励。

本次研究旨在深入探讨一元一次方程的概念，并使学生从中提炼出有价值的见解。

【教师小结】对于上面情境3中的一元一次方程 $600-8x=456$，通过表格能快速知道 $x=18$，当 $x=18$ 时代入等式左边可以求得 $600-8x=456$。由此引出一元一次方程的解的定义。

一元一次方程的解是指一个未知数的值，它可以使方程的左右两边的值相等，也可以使方程的根得到满足，从而使方程的解得到满足。

【设计意图】通过这个探究活动，引出一元一次方程的解的概念，使学生初步掌握尝试检验这个数学思想，并且学会用尝试检验解一些简单的一元一次方程。

（五）前后呼应

【教师引导】学习完一元一次方程之后，回顾课堂最开始的情境问题，引导学生运用所学新知解决问题，并让有思路的学生积极在黑板上进行讲解。

【师生活动】教师引导学生四人为一组进行小组讨论。教师巡视指导，学生动笔作答，一段时间后，教师提问小组代表回答以下问题。

问题 5：请求出丢番图去世时的年龄。（列方程）

问题 6：丢番图去世时的年龄是 84 岁吗？（解方程）

通过对算术和方程的深入研究，学生可以更好地理解方程的概念，并体会到它在解决实际问题时的优势，从而增强自身的解决问题的能力，并且激发自信心。

（六）谈感受

师生共同回顾本节课内容，并请学生回答以下问题：

问题 7：本节课我们学习了哪些知识？

问题 8：通过本节课的学习，你掌握了什么方法？

问题 9：学习过程中你感触最深的是什么？什么让人感到困难或自豪？

问题 10：你想进一步探究的问题是什么？

本节课的小结旨在帮助学生总结归纳一节课的内容。为了确保学生的主导作用，教师需要为他们提供足够的时间和空间，让他们可以分享自己的经历、感悟、收获，并且可以表达自己的喜悦或疑问。除此之外，教师还可以通过提供更多的指导和帮助，使学生将所学知识系统化，建立一个完整的知识网络，从而更好地运用所学知识。

（七）多元作业

基础作业:（必做）教材中习题 5.1 第 1、第 3 题。

提高作业:（选做）学生通过收集日常生活中的相关信息,创建一道有关一元一次方程的应用题来提升自己的能力。

通过分层次的作业设置,为学生提供一个更加全面、有效的学习平台,以满足不同水平学生数学发展的需求,帮助他们更好地巩固知识。

八、板书设计

认识一元一次方程		
1.情境引入 2.获得新知 （1）一元一次方程 （2）一元一次方程的解	情境 1 情境 3 情境 2	练习 归纳总结 思考

九、教学反思

这节课的设计遵循"问题导学"的方法,通过提出多个问题来促进教学,逐步深入。通过教学活动,教师旨在努力唤醒学生的热情,帮助他们从不同的视角、层面和层次去思考,让他们有更多的机会去表达自己的想法和个性。教师要充当课堂上的推动者、协助组织者,指出学生的错误,推动学生多元化发展。

在授课时,教师应该努力让学生感受到方程建模的优势,并将"数学化"作为一个实际问题来解决。通过简单的背景问题,让学生深入理解已知量与未知量之间的数量关系,并利用列方程的技巧,有效分解复杂的概念,从而实现降低难度、突破瓶颈的目标。这节课可以让学生深入了解数学文化,并且更加深刻地理解方程。

不足之处如下。

（1）目前,仍然缺乏对列方程的有效指导。鉴于本节课程仅仅是引入方程,教师应该给学生更多的时间来探索和总结相等关系,以便更好地理解和掌握知识。由于没有将数量关系的分析作为重点训练，部分基础较弱的学生可能无法很好地理解和掌握方程的概念。

（2）在探究活动中，应该给学生留出多余时间，让平时不怎么发言的学生多参与活动，使学生积极主动地思考，形成自主学习的能力。

【案例四】 "相交线与平行线（第3课时）"教学设计

一、教材分析

本节课是北京师范大学出版社《义务教育教科书·数学》七年级下册第二章"相交线与平行线"第一部分第3课的内容。学生在本章第一课学习和掌握了两条直线相交处的对顶角和邻补角的概念，即两线和四角后，继续探索角的关系以及三条直线的交点。本节课的知识是初中数学模块"空间与几何"的基石，其学习安排在"相交线"之后，研究这些角之间的关系可为学习平行线打下基础。本节课在本章中起到承上启下的作用，充当上一节和下一节之间的链接。

通过本节课的学习，可激发学生对现实问题、数学问题中与相交线及其角的关系相关的问题进行探索的可能性，同时培养学生应用意识与创造能力。

二、学情分析

在此之前，学生已经学习了相交线的有关概念。由于角的形成与两条直线的相互位置有关，所以在学生掌握两条直线相交所成的角——邻补角、对顶角（即两线四角）的基础上自然引出两条直线为第三条直线所截形成的角，即三线八角的位置关系——内错角、同旁内角和同位角。当前阶段学生思维活跃，模仿能力较好。在教师的指导下，学生可以针对某个问题进行讨论和总结。但受年龄特征影响，他们的知识迁移能力不强，推理能力有待进一步提高。

三、教情分析

本节课主要是让学生理解内错角、同旁内角、同位角的概念，同时培养学生的观察能力、归纳能力和分离复杂图形与学习新知识的本领。

采用以问题为载体的故事板的方法，为学生提供探究知识的时间与空间，引导学生发现问题、探索知识、自主学习，在探索中自我发现和塑造自己的观点。动手实践、自主探索、协作交流是学生学习数学的有效途径。协作探索和自主学习可以让学生感受到协作的重要性和团队的精神力量，增强集体意识。因此，本节课教学主要采用小组学习的方式，让学生按照"观察、探索、归纳"的主线进行教学。

四、教学目标

（1）理解内错角、同旁内角、同位角的概念。

（2）通过图形实例，识别内错角、同旁内角、同位角。

（3）培养学生的图像识别能力与空间观念、几何直观的核心素养，使其体会数学价值。

五、教学重难点

教学重点：理解内错角、同旁内角、同位角的概念。

教学难点：识别内错角、同旁内角、同位角。

六、教学条件准备

用软白板及希沃软件中的投影功能，及时呈现教学内容和与学生的互动结果，发展学生的符号意识。

七、教学设计

（一）创设情境，引入新知

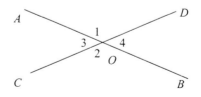

问题1：两条直线相交会形成几个小于平角的角？

问题2：角与角之间有怎样的位置关系？

问题 3：角与角之间有怎样的数量关系？

问题 4：这些角有什么共同特点？

问题 5：如果增加一条直线，又会增加多少角呢？

问题 6：角与角之间会有怎样的位置关系？

【师生活动】教师给予学生思考时间，学生完成以上问题并发言，教师及时点评总结。

【设计意图】在此之前，学生已经学习过对顶角、邻补角、余角及补角的定义，本环节采用递进结构设计"问题串"，引入两相交直线入，直观发挥"问题串"的功能。这不仅可对之前所学知识进行巩固，也可为之后的学习做铺垫。

（二）观察探究，形成概念

如下图所示，直线 *AB*、*CD* 与直线 *EF* 相交产生 8 个角。

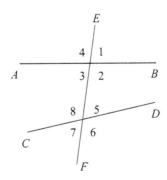

问题 1：这 8 个角中有哪两个角是对顶角，哪两个角是邻补角？

问题 2：类比对顶角和邻补角的概念，将∠1 与∠5、∠4 与∠8、∠2 与∠8、∠3 与∠5、∠2 与∠5、∠3 与∠8、∠3 与∠7、∠2 与∠6 进行分类。

问题 3：这些角可以分为几类？分类的依据是什么？

问题 4：在分类的过程中，你有怎样的疑惑？

【师生活动】学生以小组为单位，依据以上问题进行思考讨论，最后小组代表发言该小组的讨论结果，教师及时点评总结。

【设计意图】主要是从学生的已有知识出发（即共顶点的对顶角和邻补角的相关知识），通过对这几个问题的分析和解决，对同位角、内错角及同旁内角的概念形成一个直观印象，对"三线八角"的形态结构有大致了解，充分发挥"问题串"的作用，强化概念的生成，帮助学生体会类比的数学思想，培养学生几何直观、空间观念的核心素养。

（三）概念的形成和理解

问题1：∠1与∠5、∠4与∠8、∠2与∠6、∠3与∠7这四对角在位置上有什么共同点？

问题2：将它们的所在位置关系单独画出来，你会有怎样的发现？

问题3：它们构成的图形像什么？

问题4：你会给它们起一个什么名字？

生：我们发现∠1位于直线 AB 的上方，而∠5则位于直线 CD 的上方，并且它们都位于直线 EF 的右侧。我们称符合这种位置相似关系的角为同位角。像∠4与∠8、∠2与∠6、∠3与∠7也都符合同位角的定义，也是同位角。

注意：同位角中的"同"字有两层含义：一同是指两角在截线的同旁，二同是指它们在被截两直线同方向。

同位角定义：如果两个角都在截线同侧，且在被截线的同一方向，即位置同，则称这两个角为同位角。

问题5：请进一步观察两个同位角的顶点之间、边与边之间存在的关系。

同位角的位置特征：①没有共顶点；②在截线的同一旁；③在被截两直线的同方向，满足"F"型。

问题6：∠2与∠8、∠3与∠5有怎样的位置关系？

问题7：你能类比同位角的概念给它们下个定义吗？

内错角定义：两条直线被第三条直线所截，位于截线两侧，被截线之间的这两个角叫作内错角。

内错角的位置特征：①"内"的含义是指两直线的内部（两直线之间）；②"错"的含义是指第三直线的两侧，形状像大写的字母"Z"。

问题8：∠2与∠5、∠3与∠8有怎样的位置关系？

问题9：你能类比同位角和内错角的概念给它们下个定义吗？

同旁内角定义两条直线 AB 与 CD 被第三条直线 EF 所截，位于截线 EF 同侧，被截线 AB 和 CD 之间的两个角叫作同旁内角。

同旁内角的位置特征：①"内"的含义是指两直线之内；②"旁"的含义是指第三直线的同旁。

【师生活动】学生独立完成后向教师展示，教师巡视、纠正与总结。在此过程中，教师可以纠正学生一些普遍错误，进一步引导学生完成类比的定义过程。

【设计意图】该串问题采用递进与对比的设计结构，以前三个问题为引导，从分类依据到每类中的共同点，引导学生从顶点以及角两边入手观察同位角、内错角及同旁内角在位置上的特点，从而得出同位角、内错角及同旁内角的概念，让学生先根据学习指导自己动手并进行类比学习，培养学生的合作学习能力和团队精神。

（四）学情展示，归纳总结

练习：

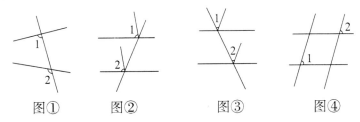

图① 　　图② 　　图③ 　　图④

1. 已知图①～图④，在上述四个图中，∠1 与∠2 是同位角的有（ 　 ）。

A. ①②③④ 　　 B. ①②③ 　　 C. ①③ 　　 D. ①

2. 如下图所示，直线 l_1、l_2、l_3 两两相交，则对于∠1、∠2，下列说法正确的是（ 　 ）。

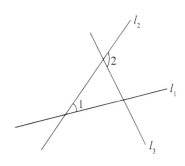

A. ∠1、∠2 是直线 l_1、l_2 被直线 l_3 所截得的同位角

B. ∠1、∠2 是直线 l_1、l_3 被直线 l_2 所截得的同位角

C. ∠1、∠2 是直线 l_2、l_3 被直线 l_1 所截得的同位角

D. ∠1、∠2 是直线 l_1、l_2 被直线 l_3 所截得的同旁内角

3.让学生讨论归纳同位角、内错角和同旁内角的特征。

角的名称	位置关系	基本图形	相同点	共同特征
同位角	在两条被截直线同旁，在截线同侧	形如字母"F"	1.在截线同侧	1.都没有公共顶点
同旁内角	在两条被截直线之间，在截线同侧	形如字母"U"		2.都有一条边在同一直线上
内错角	在两条被截直线之间，在截线两侧	形如字母"Z"	2.在两条被截直线之间	

【师生活动】学生独立完成后，教师及时进行点评。

【设计意图】通过给学生提供充足的学习机会，激发他们的积极性、主动性和创造力，这种表格的优势在于可以更好地把握教学重点，让学生自主学习更有针对性，避免了盲目性。此外，学生参与讨论也可以帮助他们更好地理解定义，从而提高学习效率。

（五）巩固提升、当堂测

1.看图回答问题。

（1）如果把图看成直线 AB、EF 被直线 CD 所截，那么∠1 与∠2 是一对什么角？∠3 与∠4 呢？∠2 与∠4 呢？

（2）如果把图看成直线 CD、EF 被直线 AB 所截，那么∠1 与∠5 是一对什么角？∠4 与∠5 呢？

（3）哪两条直线被哪一条直线所截时，∠2 与∠5 是同位角？

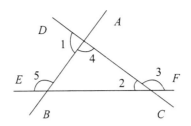

解：（1）∠1 与∠2 是一对同位角，∠3 与∠4 是一对内错角，∠2 与∠4 是一对同旁内角。

（2）∠1 与∠5 是一对同旁内角，∠4 与∠5 是一对内错角。

（3）直线 AB、CD 被直线 EF 所截时。

2. 如图，直线 DE、BC 被直线 AB 所截。

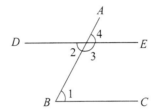

（1）∠1 与∠2、∠1 与∠3、∠1 与∠4 各是什么关系的角？

（2）如果∠1 = ∠4，那么∠1 和∠2 相等吗？∠1 和∠3 互补吗？为什么？

解：（1）∠1 和∠2 是内错角；∠1 和∠3 是同旁内角；∠1 和∠4 是同位角。

（2）∵∠1 = ∠4（已知），∠4 = ∠2（对顶角相等），

∴∠1 = ∠2。

∵∠4 + ∠3 = 180°（邻补角定义），∠1 = ∠4（已知），

∴∠1 + ∠3 = 180°，

即∠1 和∠3 互补。

【师生活动】学生独立思考后回答，教师及时进行点评。

【设计意图】通过文字语言口述，学生可以更加清晰地表达道理，教师不需要过于严格。在学习证明时，应该进行更加严格的训练，以培养学生的识图能力。在遇到题目时，先判断哪一条是截线是解决问题的关键和前提。

（六）课堂小结

（1）学会了什么知识点？

（2）掌握了哪些研究问题的方法？

（3）还有什么问题可以研究？

【**师生活动**】教师给予时间，让学生畅所欲言、充分表达。

【**设计意图**】鼓励学生敢于表达，巩固学生所学知识，厘清本节课的知识脉络，帮助学生对知识进行理解与掌握，同时激发学生学习数学的自信心与自豪感，进一步促进对数学的学习兴趣。

（七）布置作业

A组：

1. 如下图所示，∠1 和 ∠2 是直线_____和_____被直线_____所截构成的_____，∠1 和 ∠3 是直线_____和_____被直线_____所截构成的_____。

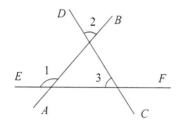

2. 三条直线两两相交，共有_____对同旁内角；_____对同位角；_____对内错角。

3. 如右图所示，∠ADE 和 ∠CED 是（　　　）。

A. 同位角　　　　　　　　B. 内错角

C. 同旁内角　　　　　　　D. 互为补角

4. 如下图所示，下面结论正确的是（　　　）。

A. ∠1 和 ∠2 是同位角　　　B. ∠2 和 ∠3 是内错角

C. ∠2 和 ∠4 是同旁内角　　　D. ∠1 和 ∠4 是内错角

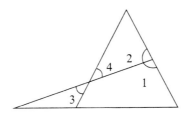

B 组：

1. 如下图所示，直线 AB、CD 相交于点 O，填写位置关系。

∠4 与∠1 是_____，与∠2 是_____，与∠3 是_____。

2. 如下图所示，内错角共有____对；同位角共有____对。

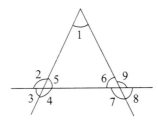

3. 如下图所示，指出下列各组角的关系。

∠1 和∠2；∠2 和∠6；∠6 和∠A；∠3 和∠5；∠3 和∠4；∠4 和∠7。

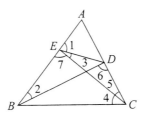

【设计意图】作业分为 A 组和 B 组，这种分层次作业可以提高学生的求知欲，满足学生不同层次的学习需求。通过有针对性的分层训练，学生可以更好地掌握基础知识，并且精力充沛的同学也能获得进一步成长。

八、板书设计

相交线与平行线（第3课时）		
同位角定义 内错角定义 同旁内角定义	三线八角	例题

九、教学反思

本节课教师通过提出一系列问题来启发学生思考，以此调动学生的探究积极性。同时，激励学生勇敢质疑和表达，澄清学生的疑惑和问题，培养学生的创新思维和发散思维，注重对学生的过程评价。教学过程中要让学生在已有知识的前提下，用分类的数学思想对形成的角进行分类；针对分类依据的阐述，让学生在直观上观察出各类的特点，使其对相交线的概念在形式上有一个大致的了解，为进一步探究"三线八角"的概念做准备，也为"平行线的判定与性质"的讲解做铺垫。

教学后，学生可以初步区分相交线和平行线中由简单相交线构成的"三线八角"（第3课时），但对于复杂图形的识别，学生比较普遍难以理解。故在本节课的设计中特别注意图形的变体，让学生在相对复杂的图形中识别出内错角、同位角、同旁内角，培养学生对角的认识能力和直观的想象能力。

为了更好地帮助学生掌握这些概念，教师应该在课堂上多设置一些练习，并且鼓励学生思考如何通过观察图像来推断出两个角之间的位置关系。例如，可以通过观察图像来探究三条直线之间的位置关系，并且通过观察图像来推断出其他几种角的位置关系。为了帮助学生更好地理解和掌握基础的概念，应将重点放在如何将不同的角转化为具体的图形上。因此，在教授学生如何理解和掌握概念的过程中，应该将学生作为核心，鼓励他们进行思考，并积极挖掘知识之间的关联，加深对知识的理解，从而建立起坚实的知识框架，在此过程中培养学生的观察、归纳能力、分离复杂图形的能力以及学习新知识的能力。

在教学过程中，要能够巧妙地设疑点，给学生提供思考的空间，让学生从简单的例子中理解新的课题。整个班级也充分体现了"以教师为主体，以学生为中心"的教学理念。师生之间相互交流、相互学习，充分发挥学生的主体地位，发散学生的思维。基于此，学生能充分利用直觉教学原理，运用类比思维、语言直觉、图像直觉更方便地理解知识。

【案例五】"探索直线平行线的条件"教学设计

一、教材分析

"探索直线平行线的条件"是北京师范大学出版社《义务教育教科书·数学》七年级下册第二章第二节的内容。教学主要目标是让学生充分掌握如何判断两条直线平行的方法。这个章节的内容具有承上启下的作用，能够为学生后续的学习打下基础。同时，本节课旨在使学生构建空间概念、发展思维，从而能够在实践中与他人分享探索成果，体验成功的喜悦，提高数学技能。

二、学情分析

该班学生的数学平均分处于年级中等水平，课前检测的目标主要是进一步了解学生对"三线八角"的掌握程度，以及学生预习的成果和存在的问题。

三、教情分析

针对学生的年龄特点、心理特征以及现有的知识水平，激发学生学习数学的主动性，借助多媒体演示，让学生能够直观地感知平行线的判定条件，在归纳总结的过程中培养学生的空间观念和有条理地表达的能力。

四、教学目标

（1）能辨认内错角、同位角和同旁内角，掌握平行线的三种判定方法。

（2）会用数学符号语言表示平行线的判定，培养学生转化与化归的数学思想和用几何语言描述问题的能力。

（3）通过观察、推测、研究、交流和推理的过程，形成空间概念和抽象的概括能力，积极参与数学活动，激发学生对几何研究的兴趣。

五、教学重难点

教学重点：探索平行线的判定方法。

教学难点：选择合适的平行线判定方法。

六、教学条件准备

利用希沃软件中的投影功能，呈现学生的探究成果，在师生共同探讨中发现规律，归纳概括新知。

七、教学设计

（一）回顾与思考

教学内容：讲评试题。

【师生互动】教师通过对试题的讲解帮助学生复习。学生完成问题后，教师引入新课。

【设计意图】为利用角的关系探究判断两条直线平行做好准备。

（二）探索新知

问题1：图中6条长线段是否平行？

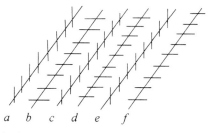

问题2：图中10条线段是否平行？

问题 3：重新思考一下，我们之前学过使用直尺和三角尺来画平行线。三角尺在这个过程中发挥了什么重要作用？

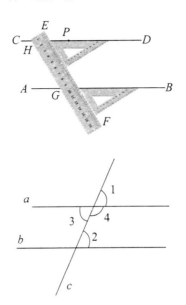

【**师生互动**】教师通过具体实例引发学生观察思考。

【**设计意图**】教学时用多媒体展示图形，通过让学生先观察并回答问题，激发他们的学习积极性，并引出课题。这也为课堂上检测直线平行作业打下了基础。通过引导学生回顾画平行线的方法，激发他们对数学活动的兴趣，培养他们对几何直观的理解能力，从而提升他们的数学素养。

通过研究这两个角的位置关系，可以提出一种新的方法来确定两条直线是否平行，那怎么用符号来说明呢？

如果两条直线被第三条直线所截，并且它们的同位角相等，那么它们就是平行的，这是一种判定方法。简单来说，同位角相等，两直线平行。通过使用符号语言，教师能够更好地传递信息：$\because \angle 1 = \angle 2$，$\therefore a // b$，以此来帮助学生正确地表达平行线的判定方法，并在课堂上进行板书。要确保两条直线的平行，必须满足以下两个条件：首先，它们必须有由第三条直线构成的一对同位角；其次，这一对同位角必须相等。

【**设计意图**】教师指导学生如何准确地描述平行线的判断标准，并在课堂上进行示范，体现学生的学习主体性，使学生通过归纳得到判定定理，发展学生的推理能力。

问题 4：两条直线被第三条直线所截得到的内错角相等时，这两直线也平行吗？那同旁内角呢？若上图中∠2 = ∠3，那么 a//b，为什么？

【师生互动】

∵∠2 = ∠3，

而∠1 = ∠3（对顶角相等），

∴∠1 = ∠2，即同位角相等，

∴ a//b。

师生归纳判定定理：两条直线被第三条直线所截，如果内错角相等，那么这两条直线平行。简单来说，内错角相等，两条直线平行。

符号语言表达：∵∠2 = ∠3，∴ a//b。

讨论：同旁内角满足什么条件时，两条直线平行？

教师根据学生说理，再准确地板书

∵∠2 + ∠4 = 180°，

而∠1 + ∠4 = 180°，

根据同角的补角相等，有

∠2 = ∠1，即同位角相等，

∴ a//b。

∵∠4 + ∠2 = 180°，

而∠4 + ∠3 = 180°，

根据同角的补角相等，有∠2 = ∠3，

即内错角相等，

∴ a//b。

师生归纳两条直线平行的判定定理：两条直线被第三条直线所截，如果同旁内角互补，那么两条直线平行。简单来说，同旁内角互补，两直线平行。

结合图形用符号语言表达：

∵∠2 + ∠4 = 180°，

∴ a//b。

【设计意图】在课堂上给予学生充足的时间进行独立思考和小组讨论。最后师生共同结合图形，用符号语言规范书写过程。通过师生共同探讨，培养学生的推理能力。

（三）学以致用

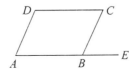

（1）∠CBE 和 ∠A 是由哪两条直线被哪条直线所截？

（2）由 ∠CBE = ∠A 可以判定哪两条直线平行？判断平行的根据是什么？

（3）∠CBE 和 ∠C 是由哪两条直线被哪条直线所截？

（4）由 ∠CBE = ∠C 可以判定哪两条直线平行？判断平行的根据是什么？

（5）∠D 和 ∠A 是由哪两条直线被哪条直线所截？

（6）由 ∠D + ∠A = 180° 可以判定哪两条直线平行？判断平行的根据是什么？

【师生互动】学生分小组讨论并进行分享，教师选几个同学分享思路。学生先讲述自己的思路，然后由教师给予点评。

【设计意图】在教学过程中注重训练学生的识图能力以及简单的推理能力，注意给学生足够的思考和交流的时间，让学生在交流中掌握知识、发展技能。通过推理培养学生的几何直观思维，把复杂的数学概念转化为简单易懂的表达，使学生能够更容易地掌握数学知识，同时更有效地提出解决方案，甚至能够准确预测未来的结果。因此，几何直观对于数学学习来说具有极其重要的意义。

（四）夯实基础

如右图所示，

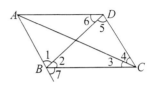

∵ ∠2 = ∠6，

∴ _____ // _____；

∵ ∠ADC + ∠DCB = 180°，

∴ _____ // _____；

∵ ∠7 = _____，

$\therefore AD \ /\!/ \ BC$；

$\because \angle 7 =$ _____，

$\therefore AB \ /\!/ \ CD$。

【师生互动】通过多个同类型题的训练巩固，学生可以更好地理解知识，培养运用所学知识解决问题的能力。

【设计意图】通过几何直观的教学，学生能更加深刻地掌握数学知识，并能够将其转化为实际应用，从而更好地理解和分析复杂的数学问题。这种方法不仅能够让学生更容易理解知识，而且能够激发他们的求知欲望，激发他们探索解决问题的灵感，从而提高学习效率。

（五）收获与感悟

（1）学会了什么知识点？

（2）掌握了哪些研究问题的方法？

（3）还有什么问题可以研究？

【师生互动】师生一起总结，主要以学生为主体展开讨论。

【设计意图】引导学生回顾整个课堂的学习过程，让学生有一个积累和吸收知识的过程。

（六）自我检测

1. 按要求回答下列问题。

（1）下图中 $\angle 1$、$\angle 2$ 不是同位角的是（   ）。

A. B. C. D.

（2）如下图所示，已知直线 a、b 被直线 c 所截，下列条件不能判断 $a \ /\!/ \ b$ 的是（   ）。

A. $\angle 2 + \angle 3 = 180°$

B. $\angle 5 + \angle 6 = 180°$

C. $\angle 1 = \angle 4$

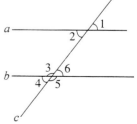

D. $\angle 2 = \angle 6$

（3）过点 C 做直线 CD 平行于 AB。

.C

_____
A　　　　　　　　　　　　　　　　B

2. 想一想（如下图所示）：怎样判断两条直线是否平行？

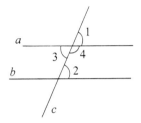

（1）判定两条直线平行的方法①：两条直线被第三条直线所截，如果_____相等，那么这两条直线平行。简单地说，_____；

符号语言：_____。

（2）判定两条直线平行的方法②：两条直线被第三条直线所截，如果_____相等，那么这两条直线平行。简单地说，_____；

符号语言：_____。

（3）判定两条直线平行的方法③：两条直线被第三条直线所截，如果_____相等，那么这两条直线平行。简单地说，_____；

符号语言：_____。

3. 回答下列问题。

（1）若 $\angle 1 = \angle 2$，则可以判定哪两条直线平行？根据是什么？

（2）若 $\angle 3 = \angle B$，则可以判定哪两条直线平行？根据是什么？

（3）若 $\angle 4 = \angle F$，则可以判定哪两条直线平行？根据是什么？

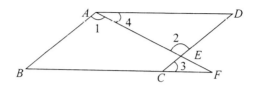

4.假设两条直线被第三条直线所截，∠1 是∠2 的同旁内角，∠2 是∠3 的内错角，请回答下列问题。

（1）画出示意图，标出∠1、∠2、∠3；

（2）若∠1＝2∠2，∠2＝2∠3，求∠1、∠2、∠3 的度数。

5.如下图所示，∠A 与 _____ 互补，则 AB ∥ _____。

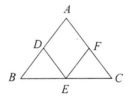

6.如下图所示，在下列给出的条件中，不能判定 AB ∥ EF 的是（　　　）。

A. ∠B ＋∠2 ＝ 180°　　　　　　B. ∠B ＝∠3

C. ∠1 ＝∠4　　　　　　　　　　D. ∠1 ＝∠B

7.如下图所示，如果∠AFE ＋∠FED ＝ 180°，那么（　　　）。

A. AC ∥ DE　　　B. AB ∥ FE　　　C. ED ⊥ AB　　　D. EF ⊥ AC

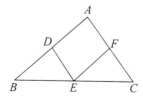

8.如下图所示，直线 a、b 被直线 c 所截，给出下列条件：①∠1 ＝∠2；②∠3 ＝∠6；③∠4 ＋∠7 ＝ 180°；④∠5 ＋∠8 ＝ 180°。其中能判断 a ∥ b

的是（　　）。

A.①③　　　　　B.②④　　　　　C.①③④　　　　　D.①②③④

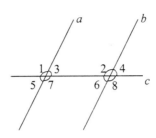

9.如下图所示，已知：∠1 + ∠2 = 180°，求证：$AB /\!/ CD$。

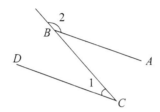

（七）课后练习

1.图中给出了过直线外一点作已知直线的平行线的方法，其依据是（　　）。

A.同位角相等，两直线平行　　　B.内错角相等，两直线平行

C.同旁内角互补，两直线平行　　　D.两直线平行，同位角相等

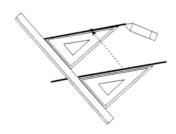

2.同一平面内，对于不相邻的两个直角，如果它们有一边在同一直线上，那么另一边相互（　　）。

A.平行　　　　B.垂直　　　　C.平行或垂直　　　　D.平行或垂直或相交

3.如下图所示，下列条件中能判定直线 $l_1 /\!/ l_2$ 的是（　　）。

A.∠1 = ∠2　　　　　　　　B.∠1 + ∠3 = 180°

C. ∠1 = ∠5　　　　　　　　D. ∠3 = ∠5

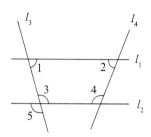

4. 如下图所示，能说明 AB ∥ DE 的有（　　　）。

①∠1 = ∠D　　　　　　②∠CFB + ∠D = 180°

③∠B = ∠D　　　　　　④∠BFD = ∠D

A. 1 个　　　B. 2 个　　　C. 3 个　　　D. 4 个

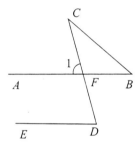

5. 如下图所示，下列条件中，能判定 DE ∥ AC 的是（　　　）。

A. ∠EDC = ∠EFC　　　　　　B. ∠AFE = ∠ACD

C. ∠3 = ∠4　　　　　　　　D. ∠1 = ∠2

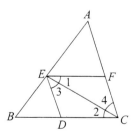

6. 如下图所示，能判断 AB ∥ CE 的条件是（　　　）。

A. ∠A = ∠ACE　　　　　　B. ∠A = ∠ECD

C. ∠B = ∠BCA　　　　　　D. ∠B = ∠ACE

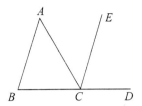

7. 如下图所示，∠1 = ∠2，要判断 AB // DF，需要增加条件_____。

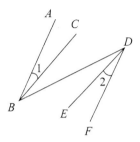

8. 如下图所示，点 D、E、F 分别在 AB、BC、CA 上，若∠1 = ∠2，则_____ // _____，若∠1 = ∠3，则_____ // _____。

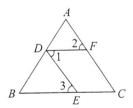

9. 如下图所示，点 E 是 BA 延长线上一点，下列条件中：①∠1 = ∠3；②∠5 = ∠D；③∠2 = ∠4；④∠B + ∠BCD = 180°，能判定 AB // CD 的有_____。（填序号）

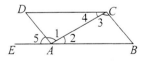

10. 如下图所示，直线 a, b 被直线 c 所截，若∠1 = 30°，∠2 : ∠3 = 1 : 5，则直线 a // b，为什么？

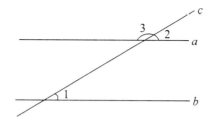

11. 一辆汽车在广阔的草原上行驶，两次拐弯后，行驶的方向与原来的方向相同，那么这两次拐弯的角度可能是（　　）。

A．第一次向右拐 40°，第二次向右拐 140°

B．第一次向右拐 40°，第二次向左拐 40°

C．第一次向左拐 40°，第二次向右拐 140°

D．第一次向右拐 140°，第二次向左拐 40°

12. 如下图所示，$EF \perp AB$ 于点 F，$CD \perp AB$ 于点 D，E 是 AC 上一点，$\angle 1 = \angle 2$，则图中互相平行的直线有_____对。

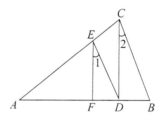

13. 一副三角板按如下图所示叠放在一起，其中点 B、D 重合，若固定三角形 AOB，改变三角板 ACD 的位置（其中 A 点位置始终不变），给出下列条件：① $\angle BAD = 30°$；② $\angle BAD = 60°$；③ $\angle BAD = 120°$；④ $\angle BAD = 150°$。其中能得到 $CD \parallel AB$ 的有_____。（填序号）

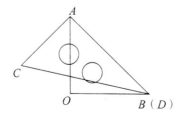

【设计意图】通过检测，学生既能巩固学过的知识，又能发现自己的不足，从中及时发现问题，从而进行强化训练。

八、板书设计

探索直线平行线的条件			
判定定理 1 判定定理 2 判定定理 3	判定定理探索过程	例题与变式	例一 例二

九、教学反思

本节课通过课前测试题讲评引入，并设置错觉情境激发学生学习的兴趣，通过让学生经历"探索—发现—猜想—证明"的完整过程，让学生积累研究图形性质的经验。

在判定的探索与证明的过程中，主要通过问题串的形式引导学生思考，师生共同完成。在练习巩固、课堂小结环节，主要通过鼓励学生大胆上台表达想法，进而对所学知识进行巩固和强化。

本节课特别注重学生的主体地位及教师的主导地位，在实践操作、定理证明等环节给学生留足充分的表达时间，并组织学生进行讨论。在授课过程中，借助希沃白板进行展示，让学生直观感受图形之间的变化关系。

从总体上看，本节课教学设计严谨且富有启发性，课堂形式多样，基本达到预期目标。但为了留出充足时间进行课堂测试，最后小结部分过于仓促。此外，在板书上没有给学生呈现出严谨的书写，只是希沃体现带过，导致部分学生没有参照。本节课设计的问题具体，层次清晰，力求符合学生的认知规律，同时注重学生数学学习经验的积累，设计的问题可以进行适度开放，培养学生的发散思维。

本节课根据课标要求，通过观察、提出问题、构建假设、合理推理等环节强化学生对所学知识的理解和应用，从而将本节课的教学目标落实在具体的问题中。特别地，借助多媒体，将转化的过程形象地呈现在学生面前，促进学生的理解，特别关注学生转化能力及应用意识的评价。

在"自我检测"环节，通过投影学生作业，让学生大胆发言，表达自己的想法，构建平等、互助、和谐的学习环境，鼓励学生交流讨论、合作学习。学生的能力目标、思维品质和能力都得到了锻炼和优化。

【案例六】"轴对称现象"教学设计

一、教材分析

北师大版数学课本七年级下册第五章"生活中的轴对称"一共分为四个部分，而本节课"轴对称现象"是其中的第一部分。这部分内容的学习，设计在学生有一定的平面几何认识基础，能够判别不同基本平面图形、了解一定的几何图形判别方法的前提下，要求学生进一步认识"图形变换"这一概念。轴对称现象作为第五章的起始节，需要对后续轴对称的性质、简单轴对称图形、利用轴对称图形进行设计等内容的学习做好铺垫工作，是后续学习内容的认知基础。作为一个章节的第一节课，引入至关重要，"轴对称现象"这节课运用大量生活实例，力求引导学生将轴对称概念与已有认知结构中的相关信息联系起来，并带领学生感悟数学融于生活、融于艺术的广泛而丰富的文化价值，体会数学学科魅力。同时，通过课堂上师生互动与共同探索活动，逐渐帮助学生加深对"对称"这一概念的认识和了解，将这一概念从具体情境中抽象出来，为后期进一步学习抽象对称图形进行铺垫。

二、学情分析

知识储备：学生在学习本课之前已有对轴对称图形初步学习经验，小学阶段对轴对称图形概念有简单认识，而非全然陌生的状态。且自然环境中不乏轴对称图形的体现与应用，学生通过日常生活见识积累，对该部分内容有一定的知识储备。但在学习本课之前，学生对"轴对称"这一概念暂停留在直观感受阶段，本节课的学习需帮助学生将对轴对称的认知由感性转向理性。

能力水平：在小学初步接触轴对称图形相关知识后，经历一段时间的学习成长，学生的思维能力有所提升，因此这一阶段的教学可采取具体实操方式，使学生亲身体会数学抽象、归纳概括等过程，在交流合作中形成理性认识，培养学生的动手能力和语言表达能力。

数学素养：学生小学阶段已具备一定的空间观念、几何直观，现要在此基础上继续发展，培养抽象能力，将推理意识转为推理能力，将数据意识转为数据观念。

面临问题：这一年龄段的学生对于轴对称图形的认识处于直观感受层面，需要对这一概念构建更加深层、抽象的认知。七年级的学生处于小学生活与初中生活的过渡期，尚未适应学习节奏与方式的变化，缺乏一定的自主学习能力和深度思考能力，而轴对称图形和两个图形成轴对称这样两个相似概念的学习存在混淆问题，学生往往难以辨别其区别。

解决方案：针对学生概念理解不透彻的情况，可采用以下解决方案：①通过联系生活实际，调动学生已有认知结构，激活感性认知；②一步步引导学生对实例进行分析归纳，逐步总结出概念特征；③在获得概念后，与具体问题情境结合，进行运用训练，巩固加深学生的认识。

三、教情分析

新课标明确指出：数学教学活动应激发学生兴趣，调动学生积极性，引发学生的数学思考，鼓励学生的创造性思维。在此前提下，教学活动应当以新课标为依据，充分发挥学生的主观能动性，用启发法在实操中进行教学，充分利用现代科学技术，设计折叠心形图片、吹颜料试验、拼磁力片等动手实践活动，在活动中发展学生发现问题、提出问题、解决问题、总结反思的能力，调动学生学习数学的兴趣，让学生认识到数学学科的魅力，从而实现教师的教与学生的学效果最大化，进而达成本节课的教学目标。

四、教学目标

本节课主要是感知和体会轴对称现象，同时为后续图形对称相关知识的学习起到承上启下的作用。为此，本节课的教学目标设置如下。

（1）理解并且记忆轴对称图形的意义，能够辨别轴对称图形，会找出简单对称图形的对称轴，积累数学活动经验，发展空间观念、抽象能力、几何直观；能够理解两个图形成轴对称的意义，准确说出轴对称图形的概念与两个图形成轴对称的概念的区别与联系，培养学生几何直观、空间观念及推理能力。

（2）在对生活案例的观察、思考、操作、归纳、应用中建立概念，认识和体验轴对称和轴对称图形的区别与联系。

（3）发现并鉴赏现实中的轴对称图形，体会轴对称在现实生活中运用的广泛性及其丰富的文化底蕴及价值；培养学生探索未知的兴趣和愿望，以及思考问题、分析问题的习惯，提高学生学习主动性，锻炼学生的交流能力和动手能力。

五、教学重难点

教学重点：在对生活案例的观察、思考、操作、归纳、应用中建立概念，认识轴对称和轴对称图形，找出简单对称图形的对称轴。

教学难点：理解轴对称图形的概念与两个图形成轴对称的概念之间的联系与区别。

六、教学条件准备

运用多媒体辅助教学，播放小视频、展示大量生活中轴对称现象和希沃课堂活动等，为学生创设学习情境，使其进一步积累数学活动经验和发展空间观念。

利用图表形式，区别轴对称图形和两个图形成轴对称的情况。利用思维导图，构建知识网络。

利用课前前测，充分了解实际学情，确定教学重难点，提高课堂教学效率。

七、教学设计

本节课包含六个部分：课前准备、情境引入、探索新知、实践练习、课后总结和布置作业。

（一）课前准备

【师生活动】收集与轴对称相关的图片和实物（提前一周布置）。

【设计意图】通过研究和分析轴对称的各种形式，让学生对它的概念有一个全面的认知，加深对它的理解，从而更好地应用它，体会它在日常生活中的重要作用。利用网络和日常生活中的轴对称图片和实物，学生可以深刻地理解数学是一种抽象的概念，它源自人们的日常生活，这也将极大地激发学生学习数学的热情，使他们更加深入地探索数学的奥秘。

【**师生活动**】利用微信问卷星做教学前测。

【**设计意图**】通过前测，发现大部分学生能够识别轴对称图形，个别学生对概念不是很清晰，容易错选或者多选、漏选。

（二）情境引入

【**师生活动**】播放故宫视频并展示教师事先准备好的轴对称图片，让学生更加直观地感受到图形的对称性，并且从每个小组收集的图片中挑选出具有代表性的作品。

【**设计意图**】通过播放小视频、展示大量生活中轴对称现象的图片等，为学生创设情境，激发学生兴趣，使其积极探索数学活动，并不断提升空间概念的认知水平。通过使用微视频、轴对称图形以及实际案例，学生可以深刻地理解数学的本质，明白数学学习是一种将自然世界的规律抽象化的过程，并且可以从中获得更多的启示，从而激发学生的学习热情。

（三）探索新知

1.轴对称图形

问题1：说一说下面这些图形有怎样的共同特征？

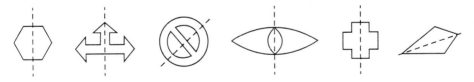

定义生成：把一个平面图形沿着一条直线对折，直线两旁的部分能够互相重合，那么这个图形叫作轴对称图形，这条直线叫作对称轴。

理解轴对称图形应注意以下三点：

（1）是一个平面图形；

（2）沿一条直线（对称轴）对折；

（3）两旁部分互相重合。

【**设计意图**】通过分析案例引导学生归纳概括出轴对称图形的定义，提升学生抽象能力，使其感悟用数学眼光观察世界的意义。

问题2：你能举出一些轴对称图形的例子吗？

问题3：下面的图形是轴对称图形吗？为什么？

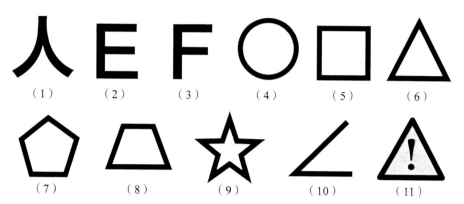

（1）　　（2）　　（3）　　（4）　　（5）　　（6）

（7）　　（8）　　（9）　　（10）　　（11）

【师生活动】请画出下列是轴对称图形的对称轴。

小结：

（1）对称轴是直线（虚线），不是射线或线段；

（2）一个轴对称图形的对称轴可能不止一条。

【师生活动】（备选）练一练：我们常见的几何图形中哪些是轴对称图形？如果是轴对称图形，请画出它们的对称轴。

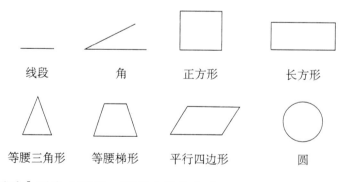

线段　　　　角　　　　正方形　　　　长方形

等腰三角形　　等腰梯形　　平行四边形　　　圆

【师生活动】课堂小游戏：请两个学生上台 PK。

【师生活动】做一做：学生自己做一个轴对称图形（剪纸、扎纸、撕纸）。

【设计意图】学生获得定义后针对新学习的知识及时进行巩固训练，通过实际应用，从物体的外观中抽取出几何图形，并将它们按照相似的特性进行分类。教师可以利用互动式教学的方式，让学生更好地掌握制作轴对称图形的技巧，并增强他们的实践能力。

2. 两个图形成轴对称

问题 4：说一说下面这些图形（图片来源于北师大版数学课本七年级下册第 116 页"议一议"）有怎样的共同特征？

 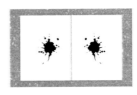

定义生成：对于两个平面图形，如果沿一条直线对折后能够完全重合，那么称这两个图形成轴对称，这条直线叫作这两个图形的对称轴。

小结：

（1）"成轴对称"是两个图形；

（2）对折；

（3）重合。

定义明晰：通过数学几何画板展示两个图形成轴对称的过程。

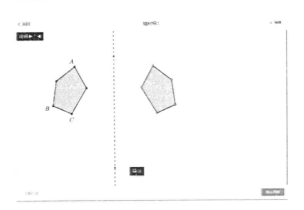

【设计意图】教师要鼓励学生仔细观察，尝试从轴对称图形过渡到成轴对称的两个图形，学生有了前面活动的经验，能够迅速找到这组图片的共同特点。这一过程可以培养学生的推理能力，使学生体会到数学的价值所在。

练一练：

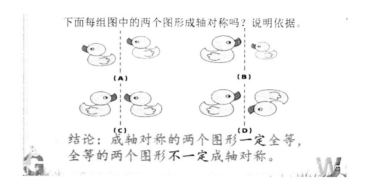

通过比较发现：轴对称的两个图形之间存在一定的差异和关联。

【设计意图】利用视觉、听觉等多种感官，更好地认识轴对称图形及其相互关系；能够说出轴对称图形和成轴对称的区别和联系，发展几何直观。通过一系列活动，学生在一个开放的环境下观察、操作、交流等，通过深入研究轴对称现象，获取大量信息，并亲身体验它们在日常生活中的应用。这些信息有助于学生理解轴对称图形和它们的对称性，并能够识别它们的对称轴。此外，通过探究轴对称现象的共同特征，学生还可以积累数学活动的经验，从而发展空间观念。

（四）实践练习

【师生活动】通过适当的练习和讲解，教师可以帮助学生实现从感性到理性的转化，为他们打下良好的知识和技能基础。

1. 请确定下面的图形（图片来源于北师大版数学课本七年级下册第 116 页

"随堂练习")是否存在轴对称关系,然后描绘它们的对称轴。

2. 课中测试:完成课本自我检测内容。

3. 拓展提高。

(1)将三个色块重新排列到一个正方形区域中,并将它们组合成一个轴对称的图形,你有哪种方法可供选择?

4	3	2	13
5		1	12
6			11
7	8	9	10

(2)在以下正方形区域中再放置一个色块,使之与原有的三个色块拼成轴对称图形,共有几种做法?

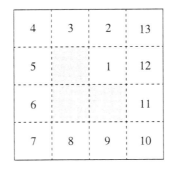

4	3	2	13
5		1	12
6			11
7	8	9	10

4.如下图所示,阴影三角形与哪些三角形成轴对称?它们分别以哪条直线为对称轴?

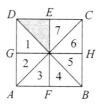

【设计意图】通过循序渐进、层层深入的练习,锻炼学生的推理能力,进一步提高学生对轴对称图形以及两个图形成轴对称的认识和辨别能力。

（五）课后总结

【师生活动】师生共同交流,总结本节课的收获。

【设计意图】通过鼓励学生自主学习,提升他们获取知识的能力,增强他们之间的团队合作精神,"导和授"教学法的实施,使学生在学习过程中更加积极主动,能够更加深刻地认识到"导和授"教学法的重要性。

（六）布置作业

【师生活动】

（1）请创作一些精美的轴对称图案,并将其放置于课堂后的海报中。

（2）北师大版数学课本七年级下册第117页习题5.1。

（3）《课堂精练》同步完成。

（4）预习课本第118～119页。

【设计意图】对本节课所学知识进行巩固与拓展,进一步发展推理能力,通过激发学生对数学的兴趣和热情,为他们提供更多的展示机会,让他们在心灵上绽放出绚烂的花朵。

八、板书设计

轴对称现象		
定义： 成轴对称图形： 成轴对称：	贴图片	习题板演

九、教学反思

（一）创设情境，激发兴趣

兴趣是一切探索的基础。本节课通过微视频、实物图片、蝴蝶、树叶、建筑等激发学生的好奇心，要求学生深入挖掘它们之间的联系，能够激发学生的求知欲。

（二）动手操作，探究新知

教师在教学中设计了一个活动，让学生动手创造美丽的图形。这个活动让学生初步体验了轴对称图形的特点，使他们学习起来轻松愉快、有趣而又扎实。

（三）自主探究，拓展延伸

在课堂上，可以通过观察长方形、正方形、平行四边形和圆来探究它们是否具有轴对称性。当学生意见出现分歧的时候引导学生动手操作验证。这种自主学习和探索活动可以培养学生的独立思考能力和团队协作精神，为他们的创新思维和实践技能打下坚实的基础。

（四）体现学科综合的思想，感受数学之美

尽管这节课是数学课，但它涉及的领域远超出了数学本身，与美术、美学等多个学科有着密切的联系。学生在课堂上学习了轴对称图形，也深刻体会到了数学中蕴含的美感，从而更加深刻地理解了美的真谛。

（五）多媒体教学环境，促进学生的学习

多媒体教学环境可以为学生提供丰富的信息材料，满足不同水平学生的学习需求，旨在让所有学生都能够掌握有用的数学知识，并且从中受益。

【案例七】"一定是直角三角形吗"教学设计

一、教材分析

勾股定理是平面几何中常用且重要的定理。勾股定理说明，平面上的直角三角形的两条直角边的平方和等于斜边的平方。北京师范大学出版社《义务教育教科书·数学》八年级上册第一章"勾股定理"第一节已引导学生经历"情境探究—抽象化—总结定理—应用定理—验证定理"的过程。本节课是北京师范大学出版社《义务教育教科书·数学》八年级上册第一章"勾股定理"第二节，主要教学任务是探究勾股定理的逆定理，定理内容如下：平面上一个三角形具备"其中两条边的平方和等于另一边的平方"的条件，则该三角形为直角三角形。

教材首先引导学生思考"勾股定理成立，那么其逆定理是否也成立"，并提示学生通过实际画图操作和相应的计算操作，运用归纳总结得出勾股定理逆定理的结论，并给出勾股数的概念。教材引导学生经历"实验—归纳—总结定理"的过程，并运用生活实际问题巩固所学定理，在习题部分也进一步对勾股数进行了探究。

综上所述，本节课主要的教学任务如下：探究并归纳勾股定理逆定理，能够运用定理判断一个三角形是否为直角三角形，并利用定理解决实际生活中的问题；了解勾股定理及其逆定理之间的关系；探究勾股数及其规律。

二、学情分析

学生在学习勾股定理时，经历了"情境探究—抽象化—总结定理—应用定理—验证定理"的探究过程，具备一定的合情推理能力，部分学生对演绎推理也有了初步认识，了解定理的探究过程。学生初步具备逆向研究的经验。因此，本节课需要教师引导学生从勾股定理出发逆向思考来探索勾股定理的逆定理，在此过程中培养学生发现问题、提出问题、分析问题和解决问题的能力，从而提升学生的抽象能力、运算能力、推理能力、几何直观、模型观念和应用意识核心素养。

同时，勾股定理逆定理是初中生第一次接触利用代数的方法来解决几何问题，可以看作高中的余弦定理的一种特殊形式。通过勾股定理及其逆定理的学习，学生可以体会数形结合思想，为后续学习四边形及圆的内容奠定基础。

三、教情分析

教学中可能遇到的问题如下。

（1）学生在探究过程中可能遇到作图不顺、计算错误等问题，此时教师应引导学生进行小组合作交流，使学生在互帮互助中进行探究。也可通过探究前的工作——回顾并观看三角形作图视频来引导学生，同时在探究过程中进行适时的引导。

（2）该节课有两处严格证明的过程：勾股定理逆定理的证明以及勾股数的倍数仍是勾股数的证明。初中学生的身心处于发展阶段，对于两处证明的探究可能存在困难，因此教师应当根据学生的现有发展水平进行由远及近的引导，不能一味强求学生自行解决问题。

四、教学目标

（1）理解勾股定理逆定理的内容，了解勾股数的概念；能根据三角形三条边的大小判断该三角形是否为直角三角形。

（2）体验探索勾股定理逆定理的过程，经历"实验—归纳—总结定理"的过程，以及猜想勾股数的性质的过程，培养学生的抽象思维能力和归纳能力，从而提升学生的抽象能力、运算能力、推理能力、几何直观、模型观念和应用意识核心素养。

（3）通过了解古埃及人探究直角三角形的过程，让学生体验勾股定理逆定理的探究过程，让学生感受数学探究的乐趣，感受数学知识形成和发展的过程，并通过严谨的证明，培养学生追求理性的精神、做事认真的态度、独立思考的习惯、实事求是的思想以及战胜困难的勇气；通过小组合作交流，培养学生的合作精神以及沟通表达的能力；体验勾股定理和逆定理在实际生活中的应用，体会数学的应用价值和审美价值。

五、教学重难点

教学重点：理解勾股定理逆定理。

教学难点：应用勾股定理及其逆定理解决实际问题。

六、教学条件准备

教具：教材、电脑、多媒体课件、视频——三角形尺规作图、视频——古埃及人如何作直角三角形。

学具：教材、笔记本、课堂练习本、文具。

七、教学设计

（一）温故知新

问题1：同学们，还记得前面学习的勾股定理吗？在 Rt $\triangle ABC$ 中，$\angle C = 90°$，$AC = 3$ cm，$BC = 4$ cm，求 AB。

【师生活动】学生思考后回答，根据勾股定理，直角三角形两条直角边的平方和等于第三条边的平方。如果用 a，b 和 c 分别表示直角三角形的两直角边和斜边，那么 $a^2 + b^2 = c^2$。根据勾股定理，该题中 $AB = \sqrt{3^2+4^2} = 5$ cm。

问题2：如果反过来，在 $\triangle DEF$ 中，$DF = 3$ cm，$EF = 4$ cm，$DE = 5$ cm，则 $\triangle DEF$ 是否为直角三角形呢？请用尺规作出 $\triangle DEF$，并进行探究。

【师生活动】先借助视频帮助学生回顾尺规作三角形的过程，再让学生动手探究。学生通过动手操作画出三角形后，可以借助量角器测量 $\angle F$ 的度数为90°。

【设计意图】通过回顾勾股定理，引导学生思考勾股定理的逆定理是否成立，进而提出本节课的目标问题：探索勾股定理的逆定理。通过使用尺规作图，学生不仅能学习如何使用量角器来验证直角三角形，还能激发对学习的好奇心，培养探索精神和实践能力。同时，此过程也有助于学生掌握几何直观的核心素养。

（二）动手操作，探索新知

问题3：请同学们在纸上画出一个直角三角形。

【师生活动】教师观察学生的作图过程，发现学生大部分是借助三角板或量角器进行尺规作图，于是进一步引导学生思考：古埃及时期并没有三角板或量角器这样的工具，那么古埃及人是如何构造直角的呢？请同学们观看一段有关古埃及人如何构造直角三角形的视频。

追问：通过这段视频，同学们能够发现古埃及人是如何构造直角三角形的吗？

【师生活动】在古埃及，人们通过打绳结来解决问题。他们会在3、4和5个结之间寻找空隙，然后把它们连接起来，形成一个直角三角形。最大的角就是直角。而3、4、5刚好满足 $3^2 + 4^2 = 5^2$，因此猜想三角形的三条边 a，b 和 c 满足 $a^2 + b^2 = c^2$，那么这个三角形为直角三角形。

【设计意图】从学生的角度出发，通过古埃及人的故事，激发学生继续探索的好奇心和求知欲，将学生"卷入"数学课堂，启发学生思考，逐步深化，进而拉开探究勾股定理逆定理的序幕。并且，从学生思维最近发展区出发，以一个简单的问题作为本节课探究的出发点以及新知识的生长点。面对教师提出的问题，学生都能够应对自如，教师对学生的回答给予肯定，这增强了他们继续学习的信心，也使得教师进一步与学生进行情感上的交流。

问题4：数学是追求严谨的学科，同学们的猜想是否成立，还需要进一步验证。下面给出几组数，分别是一个三角形的三边长 a，b 和 c，而且都满足 $a^2 + b^2 = c^2$：3，4，5；5，12，13；8，15，17；7，24，25。

请同学们讨论它们是否都是直角三角形。

【师生活动】学生独立作图后，分小组讨论思考的结果，教师请学生展示小组讨论的结果，并总结：通过尺规作图发现，上述三角形均为直角三角形。

（三）证明新知，培养严谨求实精神

问题5：假设三角形的三边长 a，b 和 c 满足 $a^2 + b^2 = c^2$，那么如何证明该三角形是一个直角三角形呢？

【师生活动】在小组讨论中，学生会提出一些问题，而教师也会给出一些提示。例如，要证明三角形是直角三角形，只需要证明其中一个角是直角。但是，如果要构造另一个直角三角形，那么就必须证明两个三角形全等。最后，

教师会总结出学生的回答：如果能证明△ABC 与一个以 a、b 为直角边的直角三角形△ $A'B'C'$ 全等，就能证明△ABC 是直角三角形。

已知：△ABC 的三边长为 a、b、c 满足 $a^2 + b^2 = c^2$，求证：△ABC 为直角三角形。

证明：作 Rt△ $A'B'C'$，使∠$C' = 90°$，$B'C' = a$，$A'C' = b$，

由勾股定理得，$A'B'^2 = B'C'^2 + A'C'^2 = a^2 + b^2$。

因为 $a^2 + b^2 = c^2$，所以 $A'B'^2 = c^2$，所以 $A'B' = c$，

所以 $AB = A'B'$，

在△ABC 和△ $A'B'C'$ 中，

因为 $\begin{cases} AC = A'C' \\ BC = B'C' \\ AB = A'B' \end{cases}$，

所以△$ABC \cong$ △$A'B'C'$，

所以∠$C = ∠C' = 90°$，即△ABC 为直角三角形。

追问：你能用语言描述一下勾股定理的逆定理吗？

【师生活动】学生思考后回答，教师总结：在△ABC 中，因为 $AC^2 + BC^2 = AB^2$，所以△ABC 是直角三角形，且∠$C = 90°$。

【设计意图】在原有认知结构的基础上帮助学生构建起有关勾股定理的逆定理的知识结构，使其在枯燥、复杂的数学知识之间找到新知识的落脚点。在引导学生证明猜想的过程中，教师有意地运用了"情感共情""认知共情"以及"行为共情"。通过严谨的证明，学生体会到数学的严谨性，培养了自身追求客观、公正、独立思考的精神及推理能力，从而提升了综合素质。

（四）学以致用

问题 6：下列几组数组成的三角形是否为直角三角形？说说你的理由。

（1）6，8，10；（2）25，24，7；（3）0.3，0.5，0.4；（4）13，14，15；（5）1，$\dfrac{3}{5}$，$\dfrac{4}{5}$。

解：（1）$\because 6^2 + 8^2 = 100, 10^2 = 100, \therefore 6^2 + 8^2 = 10^2$，由勾股定理的逆定理得，这个三角形是直角三角形。

（2）$\because 7^2 + 24^2 = 625, 25^2 = 625, \therefore 7^2 + 24^2 = 25^2$，由勾股定理的逆定理得，这个三角形是直角三角形。

（3）$\because 0.3^2 + 0.4^2 = 0.25, 0.5^2 = 0.25, \therefore 0.3^2 + 0.4^2 = 0.5^2$，由勾股定理的逆定理得，这个三角形是直角三角形。

（4）$\because 13^2 + 14^2 = 365, 15^2 = 225, \therefore 13^2 + 14^2 \neq 15^2$，不符合勾股定理的逆定理，所以这个三角形不是直角三角形。

（5）$\because (\dfrac{3}{5})^2 + (\dfrac{4}{5})^2 = 1$，$1^2 = 1$，$\therefore (\dfrac{3}{5})^2 + (\dfrac{4}{5})^2 = 1^2$，由勾股定理的逆定理得，这个三角形是直角三角形。

总结：像这样，满足 $a^2 + b^2 = c^2$ 的三个数称为勾股数。

【设计意图】通过实际操作，帮助学生掌握勾股定理的逆定理，进而使学生可以根据这一定理来确定一个三角形的形状，同时也可以推导出勾股定理的相关知识。

问题7：那么对于一组勾股数 a、b、c，将这组勾股数同时扩大 n 倍，得到的一组数 na、nb、nc 是勾股数吗？如何证明？

【师生活动】学生讨论后回答，教师总结：

证明：$\because a^2 + b^2 = c^2$，

$\therefore n^2 \times a^2 + n^2 \times b^2 = n^2 \times c^2$，

即 $(na)^2 + (nb)^2 = (nc)^2$，

因此 na、nb、nc 是一组勾股数。

也就是说，一组勾股数的任意倍仍是一组勾股数。

【设计意图】引导学生对勾股数进行进一步探究，使学生经历归纳过程，培养学生的抽象能力、运算能力、推理能力核心素养。

问题 8：根据图纸上的要求，需要对一个零件进行尺寸测量，以确保它的形状符合要求，即有两个角是直角。请问，这个零件是否符合标准？

【师生活动】学生独立思考后回答，教师总结：该问题中判断零件合格与否的关键在于判断 $\angle A$ 和 $\angle DBC$ 是不是直角，也就是要判断 $\triangle ABD$ 和 $\triangle BCD$ 是不是直角三角形，判断的依据就是勾股定理逆定理，也就是看三边是否满足 $a^2 + b^2 = c^2$。

证明：在 $\triangle ABD$ 中，$AB^2 + AD^2 = 9 + 16 = 25 = BD^2$，

所以 $\triangle ABD$ 是直角三角形，$\angle A$ 是直角。

在 $\triangle BCD$ 中，$BD^2 + BC^2 = 25 + 144 = 169 = CD^2$，

所以 $\triangle BCD$ 是直角三角形，$\angle DBC$ 是直角。

因此，这个零件符合要求。

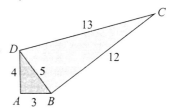

【设计意图】引入勾股定理的反面概念，帮助学生更好地了解勾股定理在日常生活中的重要性，提高学生解决问题的技巧，增强学生的数学思维。

问题 9：怎么判断一个正方形中有几个直角三角形？请与同伴进行交流。

【师生活动】学生独立计算后回答，教师总结：

$\because$ 四边形 $ABCD$ 为正方形，

$\therefore \angle A$，$\angle C$，$\angle D$ 均为直角，

$\therefore \triangle ABE$，$\triangle DEF$，$\triangle FCB$ 均为直角三角形。

由勾股定理得：$BE^2 = 2^2 + 4^2 = 20$，

$EF^2 = 2^2 + 1^2 = 5$，$BF^2 = 3^2 + 4^2 = 25$，

$\therefore BE^2 + EF^2 = BF^2$，$\therefore \triangle BEF$ 是直角三角形。

$\therefore$ 图中共有 4 个直角三角形。

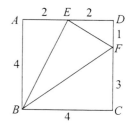

（五）课堂小结

问题 10：说说这节课所学知识和勾股定理之间的关系。

【师生活动】预设学生可能会从两个定理的应用角度出发：勾股定理用于计算直角三角形中边的关系，而勾股定理逆定理是依据三角形边的关系，判断该三角形是否为直角三角形。

【设计意图】通过对勾股定理和逆定理的深入探究，帮助学生更好地理解

这些数学概念，并将它们融入日常学习中。此外，希望这种方式能让学生更好地理解其他两种情况，从而提高他们的思维能力。

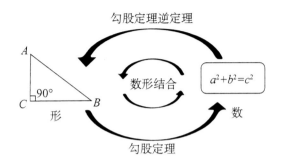

（六）布置作业

1. 下面五组数：①4，5，6；②0.6，0.8，1；③7，24，25；④8，15，17；⑤9，40，41，其中是勾股数的组数为（ ）。

A. 2   B. 3   C. 4   D. 5

2. 三角形的三边长、为 a、b、c，满足 $2ab = (a+b)^2 - c^2$，则此三角形的形状是（ ）三角形。

3. 有一块空白地，如下图所示，$\angle ADC = 90°$，$CD = 6\,\text{cm}$，$AD = 8\,\text{cm}$，$AB = 26\,\text{cm}$，$BC = 24\,\text{cm}$，试求这块空白地的面积。

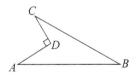

4. 在 $\triangle ABC$ 中，$CA = CB$，$\angle ACB = 90°$，点 P 为 $\triangle ABC$ 内一点，将 CP 绕点 C 顺时针旋转 $90°$ 得到 CD，连接 AD。当 $PA = 3$，$PB = 1$，$PC = 2$ 时，求 $\angle BPC$ 的度数。

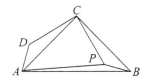

八、板书设计

一定是直角三角形吗		
1. 导入新知 2. 勾股定理逆定理 3. 勾股定理逆定理的证明 4. 小结	探究过程	例题：

九、教学反思

本节课的设计思路如下。

（1）通过回顾勾股定理以及观看古埃及人作直角三角形的视频，提出勾股定理逆定理的猜想，进而引出本节课的目标问题。

（2）通过三角形作图，探究给定几组数所构成的三角形是否为直角三角形，从具体例子验证了猜想的正确性。

（3）引导学生进行严格的证明，培养学生的推理能力和理性精神，体现数学的严谨性和求真性。

（4）通过计算勾股数的倍数等过程，发现勾股数的性质——勾股数的倍数仍是勾股数。

（5）通过课堂练习巩固知识。

（6）总结勾股定理及其逆定理之间的关系以及其中蕴含的数学思想方法。

（7）布置作业。

在今后的教学中，教师需要加强两个方面的工作：一是尽量减少探讨的深度；二是把复杂的概念，如互反命题、原命题、反命题、反反定律以及它们的实际运用作为第二课的主要任务，并给学生提供足够的时间来完成反反定律的实践训练。

【案例八】"一次函数 $y=kx+b(k\neq0)$ 的性质"教学设计

一、教材分析

本课时是在学生学习了一次函数及其图象和正比例函数之后学习的，主要研究一次函数的概念和一次函数的图象与性质，目的是让学生深入了解如何探究一个具体函数的图象与性质，从而掌握一次函数图象的绘制方法并且熟练运用一次函数图象的性质，直观地了解特定操作中一次函数的图象如何变化，特定图象中函数值如何变化，特定直线之间的平行、相交和其他位置关系如何变化，以及了解 k 和 b 之间的关系。

本节课通过利用具体的函数自变量与对应的函数值在直角坐标系中相应的点组成的图形帮助学生抽象并理解一次函数的性质，旨在发展学生的抽象能力以及数形结合能力，渗透函数思想，使学生感受函数在数学研究中的意义、数学与现实生活的联系，进一步发展学生的符号意识和抽象能力，学习从特殊到一般的研究方法，增强数学应用意识，体会数学的价值。本节内容既对学习的内容进行了强化，又为今后学习其他函数的概念提供相同的思维和方法。因此，本课时对于学生在函数方面的学习起着承前启后的作用。

二、学情分析

"一次函数的图象"是"一次函数"这一章中继"一次函数与正比例函数"之后的一个学习内容，本节课是在学生初步认识一次函数以及正比例函数的起点上，通过一次函数的图象来加深巩固学生对一次函数性质的掌握，建立学生的函数思想。在此之前，八年级学生已在七年级下学期学习了有关"变量之间的关系"的内容，初步认识了变量之间的相互关系，已经拥有了一定的抽象能力，能利用图象简单地研究和表示变量之间的关系，学会从图象中获取相关的信息。但初中学生的能力不够，还无法深入了解函数与图象的联系，因此教师要在教学中应用数形结合的方法，慢慢引导学生借助直观的图象去理解并学会用自己的语言概括出抽象的一次函数图象的变化规律及其性质。

三、教情分析

教学中从正比例函数图象出发，引导学生经历从特殊到一般的过程，根据图象的变换得出一次函数的基本性质，帮助学生学会从图象中抽象出一次函数的一般性质，让学生加深函数思想，促进学生数学思维的发展。在教学中，学生对图象与函数的联系掌握得不熟练是一个教学难点，在教学中应该重点培养学生数形结合的能力，引导学生在总结一次函数性质的过程中提升自身的抽象思维。

本节课重视引导学生在直观图象中发展抽象能力以及数形结合能力，促进学生通过图象对一次函数性质的理解，也为后续反比例函数、二次函数的概念的学习积累有效的思维方法。

四、教学目标

（1）理解一次函数图象的意义，掌握描点法作出一次函数图象的要点，能够根据正比例函数的图象和表达式，理解 k 值对函数图象的位置和函数的增减性变化的影响。

（2）通过上下平移和类比于正比例函数图象，经历对一次函数图象变化规律的探究过程，向学生渗透数形结合与分类讨论的思想，通过一次函数图象及性质的探究过程培养学生的观察、图象识别和言语表达能力，发展几何直观。

（3）感受数与形的内在联系，增强数学应用意识，体会数学价值。

五、教学重难点

教学重点：结合图象和正比例函数图象探究一次函数的性质。

教学难点：由函数的图象归纳出一次函数的性质。

六、教学条件准备

彩色粉笔，尺子，PPT，希沃数学画板。

七、教学设计

（一）复习引入

在前两节课中，同学们已经学会了如何创建一次函数的形状，并且熟悉了它的相关特征。本节课将深入探讨一次函数形状的性质。下面回顾一下之前的学习内容。

问题 1：作函数图象有几个主要步骤？

追问：正比例函数的图象有什么特征？正比例函数有什么性质？

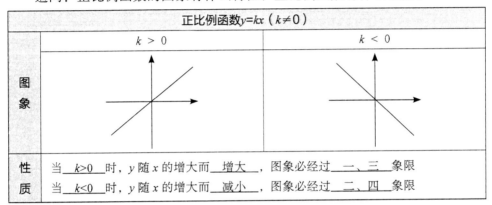

正比例函数 $y=kx$（$k \neq 0$）		
	$k > 0$	$k < 0$
图象		
性质	当 __$k>0$__ 时，y 随 x 的增大而 __增大__，图象必经过 __一、三__ 象限	
	当 __$k<0$__ 时，y 随 x 的增大而 __减小__，图象必经过 __二、四__ 象限	

【师生活动】教师引导学生完成表格；通过展示学生的作图作业让学生找出不完整的或错误的地方。

【设计意图】通过复习正比例函数的图象，学生能够更加深入地了解它的特点和性质。教师希望能够让学生更加专注于正比例图象，并培养他们将数学概念与实际应用相结合的能力。

（二）创设情境，引入课题

问题 2：研究正比例函数的图象特征时，是否可以尝试用自己的方式来描绘出函数 $y=-2x+1$ 的形状？

引导学生用以下步骤作图：

（1）列表：选取一些自变量 x 的值，计算出相应的 y 的值。

（2）描点：通过绘制表格中的每个数值，在直角坐标系中精确地定位出所需的点。

（3）连线：把这些点依次连接起来，得到一次函数 $y=-2x+1$ 的图象。

按步骤明确作函数图象的过程，可由学生完成。教师应对学生在作图过程中的问题加以纠正和强调。

问题 3：函数 $y=-2x+1$ 的图象有什么特点？

追问：与正比例函数 $y=kx$ 相比，一次函数 $y=kx+b$ 的图象有什么特点？你是怎么理解的？

【师生活动】在这次课堂上，教师鼓励学生用一次函数的形式进行创造，以便他们能够更好地理解这个概念。教师以 $y=-2x+1$ 的形式展示一次函数的概念，同时提供一些有趣的例子，帮助学生思考 $y=kx+b$ 与 $y=kx$ 之间的相互影响。

【设计意图】本次研究旨在帮助学生更好地理解一次函数 $y=kx+b$ 与 $y=kx$ 之间的相互作用，从而提升他们的视觉、听觉和文字表述技巧，促进学生数字和空间的有机融合。

练习 1：一次函数 $y=kx+b$ 的图象可以由正比例函数 $y=kx$ 的图象上下平移 $|b|$ 个单位得到。

1. 回答下列问题。

（1）直线 $y=x-5$ 可由直线 $y=x$ 向_____平移_____个单位得到。

（2）直线 $y=-2x+3$ 可由直线 $y=-2x$ 向_____平移_____个单位得到。

2. 将函数 $y=-3x$ 的图象沿 y 轴向上平移 2 个单位长度后，所得图象对应的函数关系式为（　　　）。

A. $y=-3x+2$ 　　　B. $y=-3x-2$ 　　　C. $y=-3（x+2）$ 　　　D. $y=-3（x-2）$

3. 在同一坐标系内分别作出以下一次函数的图象。

（1）$y=2x+3$ 和 $y=5x-2$。

（2）$y=-x$ 和 $y=-2x+1$。

【师生活动】学生独自完成练习，教师提问。

【设计意图】通过练习让学生掌握一次函数 $y=kx+b$ 与 $y=kx$ 的图象位置关系，稳固对刚刚学习过的"作一次函数图象"的理解和掌握。

（三）推导新知，探究定理

思考：通过应用希沃数学画板改变 k 和 b 的值，让学生分组观察并思考以下问题：

（1）观察图象，说说这些函数图象分别分布在哪些象限。

（2）观察每组三个函数的图象，随着 x 值的变化，y 的值怎样变化？

（3）找出前面所作直线与 y 轴的交点，你有什么发现？

（4）从以上观察中，你发现了什么规律？

根据图象的位置变换引导学生归纳出一次函数图象中系数 k 和 b 对函数图象的影响。

	一次函数 $y=kx+b$（$k \neq 0$）					
	$k>0$			$k<0$		
	$b>0$	$b=0$	$b<0$	$b>0$	$b=0$	$b<0$
图象						
性质	当 $k>0$ 时，y 随 x 的增大而 增大 ，图象必经过 一、三 象限 当 $k<0$ 时，y 随 x 的增大而 减小 ，图象必经过 二、四 象限 常数项 b 决定一次函数图象与 y 轴交点的位置					

结论：

（1）对于一次函数 $y=kx+b$，

当 $k>0$ 时，y 的值随着 x 值的增大而增大；

当 $k<0$ 时，y 的值随着 x 值的增大而减小。

（2）一次函数 $y=kx+b$ 的图象过（0，b）点。

【师生活动】 教师应用希沃数学画板改变 k 和 b 的值，学生分组观察、讨论、总结；最后师生一起总结完成上面的表格并归纳出一次函数的性质。

【设计意图】 通过使用多媒体工具，教师可以向学生展示在课前创建的函数图象，并通过提出问题来帮助他们理解 k 和 b 两个常数的不同特征，从而探究它们之间的关系以及它们的变化规律。通过引入分类讨论的思维模式，学生可以更加深入地理解数学的概念，并且在课堂上进行互动。

问题4：

（1）一次函数 $y=x-1$ 和 $y=3x-1$ 中，随着 x 值的增大 y 的值都增大了，其中哪一个函数增大得更快？你能说明其中的道理吗？

（2）一次函数 $y=-x+1$ 和 $y=-4x+1$ 中，随着 x 值的增大 y 的值都减小了，其中哪一个减小得更快？你是如何判断的？

【师生活动】让学生自己动手画出上述函数的图象，对函数的图象进行观察和比较，并以小组为单位进行讨论，总结出问题的答案。

【设计意图】通过两点法绘制一次函数图象，让学生深入理解 k 对所经象限的影响，以及它对函数增减性的影响，并且探究 k 的绝对值与函数值的变化之间的内在联系，同时运用解析式、图象和表格等多种方式，培养学生运用函数的多种表达方式来理解和掌握一次函数的性质，并且提升他们的数学和形象思维能力。

（四）新知应用，巩固训练

前情提示：当 $k>0$ 时，y 随 x 的增大而增大；当 $k<0$ 时，y 随 x 的增大而减小。

1. 在下列一次函数中，y 随 x 的增大而减小的是（　　　）。

A. $y=x+3$　　　　B. $y=3x-1$　　　　C. $y=0.1x+3$　　　　D. $y=3-x$

2. 在一次函数 $y=-3mx+5$ 中，函数 y 的值随 x 的值的增大而增大，则 P（m，5）在第_____象限。

变式1：已知点 M（1，a）和点 N（2，b）是一次函数 $y=-2x+1$ 图象上的两点，则 a 与 b 的大小关系是（　　　）。

A. $a>b$　　　　B. $a=b$　　　　C. $a<b$　　　　D. 以上都不对

变式2：函数 $y=3x-1$ 的图象过点 P（x_1，y_1），Q（x_2，y_2），当 $x_1<x_2$ 时，对应的函数值 y_1 与 y_2 的关系是（　　　）。

A. $y_1>y_2$　　　　B. $y_1=y_2$　　　　C. $y_1<y_2$　　　　D. 无法确定

变式3：函数 $y=kx+b$ 的图象过点 P（x_1，y_1），Q（x_2，y_2），当 $x_1<x_2$ 时，对应的函数值 $y_1>y_2$，则 k_____0。

当 $k>0$ 时，从左到右图象是上升的；当 $k<0$ 时，从左到右图象是下降的；常数项 b 决定一次函数图象与 y 轴交点的位置。

3. 在平面直角坐标系中，一次函数 $y=x-1$ 的图象是（　　）。

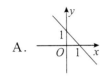 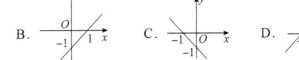

变式1：一次函数 $y=mx+n$ 的图象如下图所示，下列结论正确的是（　　）。

A. $m<0$，$n<0$ B. $m<0$，$n>0$

C. $m>0$，$n>0$ D. $m>0$，$n<0$

变式2：若一次函数 $y=kx+b$ 的函数值 y 随 x 的增大而减小，且图象与 y 轴的负半轴相交，那么对 k 和 b 的符号判断正确的是（　　）。

A. $k>0$，$b>0$ B. $k>0$，$b<0$

C. $k<0$，$b>0$ D. $k<0$，$b<0$

变式3：一次函数 $y=-5x+3$ 的图象不经过下列哪个象限？（　　）

A. 第一象限　　　B. 第二象限　　C. 第三象限　　D. 第四象限

变式4：若一次函数 $y=kx+1$（k 为常数，$k\neq0$）的图象经过第一、二、三象限，则 k 的取值范围是＿＿＿＿＿。

变式5：一次函数 $y=mx+n-2$ 的图象如右图所示，则 m，n 的取值范围分别是＿＿＿＿＿。

变式6：直线 $y=kx+b$ 与直线 $y=bx+k$ 在同一坐标系内的大致图象是（　　）。

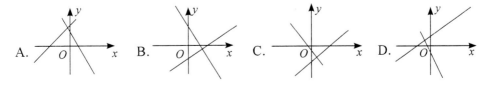

【师生活动】教师和学生一起进行独立的活动，教师提出问题，学生回答，

教师会给出评论，如果遇到困难，教师会及时提醒。

【设计意图】通过分步骤的练习，学生能够更好地理解一次函数的图象和性质。

练习 2：已知一次函数 $y=(1-m)x+2m+1$，试解决下列问题：

（1）当 $m=2$ 时，直线经过_____象限。

（2）当 $m=$_____时，y 是 x 的正比例函数。

（3）当 m 的取值范围为_____时，y 随 x 的增大而增大。

（4）当 m 的取值范围为_____时，函数图象与 y 轴负半轴相交。

（5）函数的图象如右图所示，则 m 的取值范围为_____。

【师生活动】学生小组合作完成，教师提问，学生回答，最后由教师对学生的回答给予点评。

【设计意图】通过对上述问题的深入研究，教师希望能够帮助基础较好的学生进一步提升，并使他们的学习活动更加深入，从而更加清楚地理解函数图象的特性。

（五）归纳小结

本节课结合正比例函数和一次函数的图象探讨一次函数的简单性质，主要学习了以下内容。

（1）一次函数 $y=kx+b$ 的图象可以由正比例函数 $y=kx$ 的图象上下平移 $|b|$ 个单位得到。

（2）对于一次函数 $y=kx+b$，

当 $k>0$ 时，y 的值随 x 的增大而增大，图象经过一、三象限；

当 $k<0$ 时，y 的值随 x 的增大而减小，图象经过二、四象限。

用到的数学思想和基本方法如下。

（1）本节课运用数学思维将数字和图形结合起来，进行分类讨论。

（2）本节课使用多种方法来学习数学，包括观察、实验、推断、类比和归纳。

【师生活动】通过小组合作，学生能够更深入地探究本节课的知识要点，并运用数学思维和方法，实现知识的有机整合和系统性掌握。

【设计意图】让学生试着自己去梳理所学的知识，引导学生通过小组合作总结本节课的知识要点及数学思想与方法，使知识系统化。

（六）布置作业

1.《课堂精练》：P25 ~ 26 一次函数的图象（第二课时）。

2.请描绘以下函数的形状，并将其放置在相应的直线坐标系中：

① $y=2x-3$ ；② $y=-4x+1$ ；③ $y=0.5x$。

八、板书设计

一次函数 $y=kx+b$（$k \neq 0$）的性质			
1.导入 2.探究 3.定义 4.总结	思考、探究过程	例题与练习 练习1 练习2	变式1

九、教学反思

本节课第一次尝试将数字、符号、空间等概念融入一次函数的描述中，为了让学生更好地理解这一概念，教师指导学生通过绘制函数图象，推断它的性质，并从中发现它的另一面。在课堂上，教师可以通过希沃数学在线画板、学习者绘制的一次函数图象以及相关的问答，来帮助学生更好地理解一次函数的概念并掌握其基本特征，进而运用所学知识，更好地解决实际数学难题。通过本节课的学习，学生对图象的变化规律有了初步的认识，基本能够解答简单的、直观的函数问题，拥有了自己的函数思想。

通过师生互动、生生互动的探索实践活动，学生可以更好地理解一次函数的概念，并且更加深入地思考它的特征。此外，小组活动也可以帮助学生更好地总结一次函数的图象特征，极大地提升了他们的抽象思维和表达能力。

【案例九】 "三角形内角和定理证明" 教学设计

一、教材分析

本节课是北师大版数学课本八年级上册第七章"证明（一）"第五节内容，为学生之后学习多边形内角和以及外角和等知识的证明做了铺垫。本节课主要研究三角形内角和定理的概念，通过本节课的学习，学生可以了解到三角形内角和定理的定义，即三角形的内角和等于 180°，并学习三角形内角和定理的严格证明过程。通过引入辅助线、应用平行线等方法，掌握证明三角形内角和定理的技巧和方法，并应用内角和定理解决实际问题。通过本节课的学习，学生可以学会如何应用内角和定理解决实际问题。本节课的教学过程体现了归纳法、反证法以及做辅助线和平行线的方法的优点，有利于培养学生数学抽象、几何直观、推理能力等核心素养。

二、学情分析

学生小学阶段用撕拼实践方法已了解三角形内角和等于 180° 的事实，七年级也简单地认识了三角形，为逻辑证明的学习奠定了基础。添加辅助线的方法证明问题是学生第一次接触，对于学生来说难度较大，要重点复习平行线性质，以分解添加辅助线的难度。这就要求学生要具备一定的几何基础，包括对三角形的定义、特征和性质等的了解。在开展本节课教学前，应进行必要的复习，确保学生具备基本的几何概念和知识；面向不同层次的学生，应进行有针对性的辅导和帮助。在制订教学方案时，需要注意如何培养学生的实践能力和思维能力。由于三角形内角和定理证明对于大多数学生来说比较抽象，缺乏实际意义和直观感受，因此许多学生可能缺乏学习的动机和兴趣，需要注意如何通过生动的案例和实际应用等方式，提高学生学习的动机和兴趣，从而更好地提高学习效率。

三、教情分析

教师需要在教学中引导学生思考，引导学生思考证明过程中的各个环节，如如何利用三角形的内角和等于 180° 这个前提条件，如何应用直角三角形的特性等，培养学生的逻辑思维和创造性思维能力；同时要注意讲解证明过程，通过演示和讲解让学生理解证明过程的逻辑性和连贯性。最后，要引导学生发现数学问题的本质和规律，如三角形的内角和定理是基于三角形的性质推导而来，而不是随意猜测的结果。通过让学生自己思考和探索，帮助学生更好地理解数学问题的本质和规律，从而提高学生的数学思维水平。

四、教学目标

（1）学会用推理的方法证明三角形内角和定理，并能应用此定理解决问题。

（2）经历用多种方法证明三角形内角和定理的过程，形成独立思考、合作交流的学习模式，培养学生推理论证及一题多解的能力。

（3）激发学生探索问题的兴趣，使学生感悟逻辑推理的数学的价值，体会思维的多样性和转化思想，从而引导学生个性发展。

五、教学重难点

教学重点：探索三角形内角和定理的多种严格的证明方法。

教学难点：辅助线的添加。

六、教学条件准备

教学工具：黑板、彩笔、三角板等；教学资料：PPT、练习册、三角形纸张等。

七、教学设计

（一）创设情境，导入内容

一天，"三角形"一家的两个成员之间出现了一场激烈的辩论，其中一个拥有较长的外边，另一个拥有较短的外边，它们都认为自己的内角和最大。

问题 1：请同学们作为小判官给它们评判一下吧！它们的内角和应该是如何的？

预设答案：学生基本上可以答出两个三角形的内角和都是一样的，即都是180°。

【师生活动】对于三角形的内角和为 180°，虽然在小学的时候已经证明过了，但还是可能有部分学生存在遗忘的问题，对此教师可以进行适当引导，帮助学生完善答案。

【设计意图】通过寓言故事的形式创设问题情境，引发学生的好奇心和探究欲望，激发他们对于三角形内角和定理的兴趣和学习动力，同时通过问题引导学生自主探究和思考，锻炼学生的逻辑推理和判断能力，使其感受数学的美和趣味，从而培养学生对于数学的兴趣和情感。

问题 2：大家现在已经知道了三角形的内角和是 180°，下面以小组为单位进行交流，说说如何得到三角形内角和等于 180° 的答案。

预设答案：可以通过剪拼和度量的方法。

追问 1：如果三角形在试卷上不能撕拼又该怎么办？

追问 2：如果不使用量角器又该怎么办？

教师给出了新的想法：小学阶段可以使用剪拼和度量的方法来确保"验证"与"数学证明"之间的精确度。然而，由于"验证"的精度受到了外界因素的影响，无法保证 180° 的准确性；此外，因为存在无数个不同的三角形，因此无法使用单独的方式来确保 180° 的精确度，还需要借助精确的数值计算来确保 180° 的精确度。

【师生活动】教师可以演示小学时通过剪拼和度量求证三角形的内角和的过程，同时引导学生由一个三角形到无数个三角形的求内角和过程。

【设计意图】通过经验分享，降低学生对所学知识的陌生感，唤醒感性认识，激发学生的学习兴趣。让学生知道小学时候所学的撕拼、测量、折叠等数学实践方法可以用，但是有很多局限性，引发学生思考，为几何推理证明的学习埋下伏笔。通过追问的方式，引导学生思考在无法使用具体工具进行测量或验证的情况下，如何通过严密的推理证明三角形内角和定理。同时，鼓励学生积极探索数学知识的本质和发展历程，增强学生的数学思维能力和数学核心素养，如探究和证明能力、创新思维能力、数学模型应用能力等。

（二）合作探究，深入证明

问题 3：同学们是否还记得我们之前证明命题的一般步骤？

教师指导学生回顾证明命题的一般步骤，并给予必要的补充：要清楚地了解命题的要求（已知），以及求证的结果；要根据题目的要求，绘制出相应的图表；要利用图表，用符号语言表达"已知"和"求证"；要深入分析题目的要求，探索证明的思路；要按照思路，使用数学符号和语言，有条不紊地表达出证明的过程。

追问 1：你能否写出三角形内角和定理的条件和结论，并根据题意画出图形？

预设答案：

已知：$\triangle ABC$，

求证：$\angle A + \angle B + \angle C = 180°$。

追问 2：请大家在 3 分钟的时间里，仔细思考之前学习的基本事实和定理，然后用一种简洁的语言来阐述这一结论的证明思路，并且让一位代表来回答问题。

预设答案：

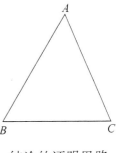

思路分析：延长 BC 到 D，过点 C 作射线 $CE \parallel BA$（如右图所示），这样就相当于把 $\angle A$ 移到了 $\angle 1$ 的位置，把 $\angle B$ 移到了 $\angle 2$ 的位置。

证明：过点 C 作 BC 的延长线 CD，过点 C 作射线 $CE \parallel BA$，则

$\angle 1 = \angle A$（两直线平行，内错角相等），

$\angle 2 = \angle B$（两直线平行，同位角相等）。

$\because \angle 1 + \angle 2 + \angle ACB = 180°$（平角 $= 180°$），

$\therefore \angle A + \angle B + \angle ACB = 180°$（等量代换）。

定理：三角形的内角和等于 $180°$。

【师生活动】在进行撕拼、测量和折叠等操作之前，应该想办法将角度等量地转移，并且可以通过合理地添加辅助线来为书写证明过程打下良好的基

础。师生一起探究已知、求证和证明的过程，选择两个学生小组进行示范，在黑板上作出演示和评论，确保证明的正确性。

【设计意图】引导学生回顾证明命题的一般步骤，通过分析证明思路和书写证明过程的方式，进一步让学生理解证明的逻辑和方法，培养学生的推理能力的核心素养，逐步养成重论据、合乎逻辑的思维习惯。初步学习几何推理证明以及几何语言的运用是难点，结合文字描述，写出符合语言及各种变形是非常有必要的，规范学生的书写格式。可以采用小组讨论、实践活动等形式，激活学生的思维，锻炼他们的语言表达能力，并且加强他们的团结协作意识。

（三）拓宽思路，强化证明

问题 4：在探讨三角形的内角及其相关的定律时，我们发现一些人提议将三个角"凑"起来，然后通过 A 的位置，将它们连接起来，就像右图所示的那样，这种方式是否成立？如果成立，应该怎样描述这一步骤？请同学们与小组的同学合作交流。

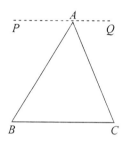

预设答案：

已知：$\triangle ABC$，

求证：$\angle A + \angle B + \angle C = 180°$，

证明：过 A 点作 $PQ//BC$，

$\because PQ//BC$，

$\therefore \angle PAB = \angle B$，$\angle QAC = \angle C$（两直线平行，内错角相等）。

$\because \angle PAB + \angle BAC + \angle QAC = 180°$，

$\therefore \angle B + \angle BAC + \angle C = 180°$（等量代换）。

【师生活动】教师给出问题后，让学生合作参照前一题严格的证明过程，写出这道题三角形内角和的证明。首先，教师可以引导学生思考这种证明思路的可行性，让他们发表自己的看法。其次，可以让学生自己思考和整理证明过程，并在小组内讨论和交流，让他们梳理出证明的主要思路和步骤。最后，可以让小组代表在黑板上演示证明过程，让其他同学进行点评和讨论。

【设计意图】这种证明方式旨在引导学生拓宽证明思路，让他们发现证明一个定理有多种可能的方法，而不是僵化地只看某一个特定的证明方法。同时，通过这种拓宽思路的方式，学生能够更加深入地理解三角形内角和定理，从而提高推理能力、应用意识和创新意识的核心素养。

（四）学以致用，例题巩固

例题 1：如右图所示，在△ABC 中，∠$ABC = 38°$，∠$ACB = 62°$，AD 平分∠BAC，求∠ADB 的度数。

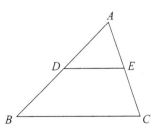

预设答案：

已知：∠$ABC = 38°$，∠$ACB = 62°$，

AD 平分∠BAC，

求∠ADB 的度数。

证明：

∵ 在△ABC 中，∠$B +$ ∠$BAC +$ ∠$C = 180°$（三角形内角和定理），

又 AD 平分∠BAC，

∴ ∠$BAC = 2$ ∠BAD，

∴ ∠$B + 2$ ∠$BAD +$ ∠$C = 180°$（等量代换）。

又∠$ABC = 38°$，∠$ACB = 62°$，

∴ 2 ∠$BAD = 180°–38°–62° = 80°$，

∴ ∠$BAD = 40°$。

又∵ 在△ABD 中，∠$BAD +$ ∠$B +$ ∠$ADB = 180°$

∴ ∠$ADB = 180°–$ ∠$BAD–$ ∠$B = 180°$

$–40°–38° = 102°$。

例题 2：已知：如右图所示，在△ABC 中，∠A $= 60°$，∠$C = 70°$，点 D、E 分别在 AB 和 AC 上，且 $DE \parallel BC$，求证：∠$ADE = 50°$。

已知：∠$A = 60°$，∠$C = 70°$，$DE \parallel BC$，

求证：∠$ADE = 50°$。

证明：

∵ 在△ABC 中，∠$A +$ ∠$B +$ ∠$C = 180°$，

∴∠B = 180°– ∠A– ∠C = 180°–60°–70° = 50°

又∵ $DE \parallel BC$,

∴∠ADE = ∠B = 50°（两直线平行，同位角相等）。

【**师生活动**】对于上述两道题，教师可以先简单提一下三角形内角和定理，并引导学生根据该定理列出等式，然后再根据题目中的条件进行变形与代入求解，最后得证。可以让学生分组自主尝试解题，然后在课堂上进行讨论和答疑，发现学生的薄弱点并加以巩固。

【**设计意图**】三角形的内角和定理在初中试题中的出现频率较高，与平行线、角平分线的结合很常见，所以选择这两道题为课堂例题，有助于巩固本节课所学知识。通过例题的练习，学生可以学会如何根据条件进行角度分析和计算，进一步掌握三角形内角和定理的应用。同时，小组合作有利于增强学生的合作精神和团队意识，使其在解决问题的过程中培养抽象能力、推理能力、应用意识等核心素养。

（五）课堂小结

（1）使用辅助线的方法有很多种，其中一种是通过在"移动"中添加平行线来创建平角，或者在其他角度上添加辅助线。辅助线是联系命题条件和结论的桥梁。

（2）三角形内角和定理的简单应用。

【**设计意图**】通过对这门课程的内容进行全面、有序的组织，帮助学生更好地掌握这些知识。

（六）布置作业

所有学生都应该完成课本上的习题 1 和习题 2，而那些有能力的学生应该完成课本上的习题 3。

通过分层次安排作业，帮助学生更好地理解并记忆所学内容。

【**设计意图**】作业有助于学生了解自己的学习状况，在课后进一步巩固和检测知识学习情况，便于教师了解学生掌握的总体情况，并根据实际及时适当地对教学作出调整。

八、板书设计

三角形内角和定理证明		
1. 导入 2. 探究 3. 小结	证明的全过程 1 证明的全过程 2	例题 1 例题 2

九、教学反思

本节课旨在探讨三角形内角和定理的概念，并通过启发式教学的方法，帮助学生更好地理解这些概念，并运用自己的思维去证明定理。这样，学生不仅可以更好地掌握知识，还可以提高自己的思维能力和证明能力。教师通过提出一些问题，引导学生思考三角形内角和定理的证明过程，鼓励学生提出自己的想法，并引导学生进行讨论和交流。学生在互动中逐渐理解了三角形内角和定理的证明过程，也提高了自主学习和探究能力。教学中也发现了一些问题，即学生在证明过程中的推理能力较弱，需要加强这方面的训练。下一步可以通过更多的课堂互动和实践练习，进一步提高学生的数学思维能力。未来的教学将采取更多样化的方法，鼓励学生积极参与课堂活动，从而提高学习效率；为学生提供更多的实践机会，让他们通过实践练习，巩固所学知识，提高数学能力和思维能力；在教学过程中注重发掘学生的潜能和个性，引导学生根据自身的兴趣和特长，探索数学的更多领域，从而开发他们的创新能力和实践能力。

【案例十】 "等腰三角形的性质"教学设计

一、教材分析

"等腰三角形的性质"是北师大版数学课本八年级下册第一章第一节的内容。学生在学习等腰三角形的性质这一节之前已经掌握了轴对称的知识，并且学习了全等三角形的知识。"等腰三角形的性质"这一节课需要综合前面已经学习过的知识内容，并且为后面要学习的内容做铺垫，为今后的证明题型提供重要的理论依据。因此，本节课发挥了承上启下、承前启后的作用。教师引导学生探究"三线合一"以及"等边对等角"这两个性质，激发学生对数学的热情和求知欲，使其体会等腰三角形性质的产生过程。通过本节课的学习，学生能够体会等腰三角形的性质在生活中的应用和价值，体会数学来自生活，又反作用于生活的一般规律。

二、学情分析

教师对本班学生的了解比较深入和全面，所以在讲解授课的过程中能够兼顾不同水平、不同层次、不同特点的学生，在教学的过程中留给学生充足的思考时间，并发挥他们合作交流的优势，充分调动学生学习本节课的热情。学生在之前已经学习了轴对称的相关知识以及全等三角形的相关知识，初步具备了一定的逻辑推理能力，这为学习本节课的内容提供了契机，打下了良好的基础。

三、教情分析

学生在八年级上册已经学习了平行线的证明，已经感受到证明这一过程的必要性，并且通过相关题目的证明过程，学生积累了一定的证明经验。八年级的学生虽然具备了一定的逻辑思维和推理能力，但他们的逻辑思维还不够严密，思维的广度以及灵活度还有待提升，因此在处理等腰三角形性质这一部分内容时，教师舍弃了严格的几何论证过程，而是使用直观演示的方法，让学生感受等腰三角形的性质，从而激发学生对数学的好奇心以及对学习的兴趣。

四、教学目标

（1）利用轴对称这一变换的过程，能够推导出等腰三角形的有关性质，同时强化对轴对称的认识；理解等腰三角形的两个性质，能够利用"等边对等角""三线合一"这两个性质对题目进行推理、判断、计算。

（2）在动手操作的过程中，通过观察、实践、猜想，论证发展学生的推理能力、动手操作能力以及数学语言表达能力，包括口头能力和书面能力两部分；经历运用几何符号语言以及图形语言描述命题的过程，能够建立符号意识，进一步发展数学的抽象思维能力。

（3）在实际操作动手中激发学生学习数学的热情，建立起学习数学的动力和自信；能够认识到数学本质上源于实践又应用于实践的辩证唯物主义观点，激发学生学习数学的兴趣和求知欲。

五、教学重难点

教学重点：理解等腰三角形的"等边对等角"以及"三线合一"这两个性质，掌握证明的基本要求和方法。

教学难点："等边对等角"的证明中辅助线的添加和"三线合一"性质的证明和运用。

六、教学条件准备

本节课主要是通过剪纸和折纸活动让学生探索并掌握等腰三角形"等边对等角"和"三线合一"两个性质，并能够用等腰三角形的性质解决实际生活中的问题。

七、教学设计

（一）创设情境，引入新知

教师播放一张生活中的图片，并提出一个问题：在这些图片中，你是否能找到熟悉的几何图形？

【学生活动】学生观看含有等腰三角形的图片回答：图中有等腰三角形。

使用学生熟悉的图片作为开始，希望能够通过感性的方式使学生理解等腰三角形，以便更好地引出课题。

下面一起来探索一个新的可能性：将一张长方形的纸张进行双面折叠，然后将其中一个角切除，最后将其打开，看看会得到一个怎样的三角形。

通过剪纸，教师引导学生思考，最终得出结论：剪出的图形就是等腰三角形。然后，教师进一步引导学生复习等腰三角形的定义，以及它各个部分的名称。

【师生活动】通过讨论，我们发现等腰三角形的对称性并不明显，因为它的中心点只是一条直线，而不是一条完整的线段。因此可以推断，等腰三角形的对称性并不仅仅局限于其中心点。

学生自己动手，通过剪纸体验等腰三角形的几何形状，并通过实物形象的形式，建立一个直观的数学模型，以此唤醒自己的学习热情和探索欲望。

（二）合作交流，探索新知

教师展示刚刚剪下的等腰三角形纸片，并在其上标注了一些字母，如下图所示，将两条边 AB、AC 拼接在一起，当它们的交点 B 和 C 完全重合时，就会产生一条弯曲的直线 AD，从而可以看出 $\triangle ADB$ 和 $\triangle ADC$ 之间的联系。

【学生活动】 $\triangle ADB$ 与 $\triangle ADC$ 重合，$\angle B = \angle C$，$\angle BAD = \angle CAD$，$\angle ADB = \angle CDA$，$BD = CD$。

本次活动通过学生实践、观察、交流的方式展开，旨在使学生更加深入地理解等腰三角形的特征。

由此可发现等腰三角形有如下性质：等腰三角形的两个底角相等。

教师板书后提出问题。

问题 1：这个命题的假设是什么？它的结论是什么？学生可以通过图表来回答。

（板书）已知：在 $\triangle ABC$ 中，$AB=AC$，

求证：$\angle B = \angle C$。

当把等腰三角形表示为"在 $\triangle ABC$ 中，$AB=AC$"时，通常会把"等腰"这两个字省略掉。

问题 2：如何证明两个角相等？

教师可以提供建议，让学生进行口头回答，或者指导学生查阅课本上的证明。

证明方法：（作顶角的平分线）。

作顶角的平分线 AD，交 BC 于 D，

则有 $\angle BAD = \angle CAD$，

又 $\because AB=AC$，

$\therefore$ 在 $\triangle ABD$ 和 $\triangle ACD$ 中，

$\triangle ABD \cong \triangle ACD$,

$\therefore \angle B = \angle C$。

教师归纳等腰三角形的性质。

性质1：等腰三角形的两个底角相等。指出它的几何符号语言的书写：

如上图所示：$\because AB=AC$（已知），$\therefore \angle B = \angle C$（等边对等角）。

【设计意图】通过让学生自主探索，教师希望能够培养他们独立思考的能力，并鼓励他们通过合作交流来选择适合的证明方法。这种方式能够帮助学生更好地理解命题的题目和结论，并将它们转化为已知和可证明的信息。如果学生遇到困难，教师应加以引导，激发学生的自信心。

练习1（口头回答）：

（1）等腰直角三角形的底角度数是多少？等边三角形呢？

（2）如果一个等腰三角形的顶角为40°，那么它的底角度数是多少？

（3）如果一个等腰三角形有一个内角为120°，那么它的底角度数是多少？

（4）如果一个等腰三角形有一个内角为40°，那么它的底角度数是多少？

学生完成教师提出的问题后，教师归纳总结：

（1）在等腰三角形中，顶角度数＋底角度数 ×2=180°；

（2）等边三角形的三个内角均为60°。

【设计意图】在问答中，教师示范定理的书写过程，让学生能够从抽象到具体，并能够规范定理的书写及辅助线的添加，培养学生的发散性思维。

教师提出问题：等腰三角形的 $BD=CD$，$\angle ADB = \angle ADC=90°$，它还具有其他特殊的性质吗？

通过数学语言的运用，教师和学生一起探究发现的规律，并通过归纳总结出其中的性质2。

性质2：等腰三角形的顶点与底边中点的连线垂直于底边。

等腰三角形的底边上的中线、底边上的高和顶角的平分线完全重合，这就是板书所描述的三线合一的概念。

【设计意图】要强化这三条线重合为一条线，要求学生能够用数学符号语言准确地进行表达和应用，养成严谨的学习习惯。

教师展示课本中的例 1，并在小黑板上进行展示。

通过实际案例分析，探究推理的原理和依据，提出有趣的问题，激发学生的思维，并结合教师板书中的例 1，帮助学生更好地理解和运用等腰三角形的特性。

（三）巩固练习，强化新知

练习 2（出示小黑板）：

如右图所示，在 △ABC 中，AB=AC，

（1）∵ AD ⊥ BC ∴∠_____ = ∠_____；_____ = _____（等腰三角形底边上的高与 _____、_____ 重合）。

（2）∵ AD 是中线 ∴ _____ ⊥ _____；∠_____ = ∠_____（等腰三角形底边上的中线与 _____、_____ 重合）。

（3）∵ AD 是角平分线 ∴ _____ ⊥ _____；_____ = _____（等腰三角形顶角的平分线与 _____、_____ 重合）。

【设计意图】定理的掌握应该是循序渐进的。通过填空，让学生掌握定理的规范格式。通过做习题，锻炼学生的创造力，并增强他们的问答能力，拓展他们的想象力，提高他们的创新精神。

（四）师生互动，总结新知

师生一起畅所欲言，总结本节课所学知识点和研究问题的方法。

【设计意图】通过知识回顾强化学生对本节课内容及方法的掌握与反思。

（五）作业设计，深化新知

重点题目：课本第 4 页习题 1.1 中的第 4 题和第 6 题。

在等腰三角形中，底边上的中线、底边上的高和顶角的平分线是重合的，利用这一性质可以解决作业题目。

八、板书设计

等腰三角形的性质	
性质 1：等腰三角形的两个底角相等	性质 2：等腰三角形底边上的中线、底边上的高和顶角的平分线完全重合，形成一个完整的三线结构

九、教学反思

本节课先从学生日常生活中的图形入手，让学生直观感知等腰三角形的形状。然后，教师让学生经历折纸、剪纸的过程，使其初步感受等腰三角形的对称性，并给出等腰三角形的定义，从具体到抽象，发展了学生的直观想象能力。在"合作交流，探索新知"环节，教师和学生一起经历"动手—发现—证明"的过程，发展了学生的逻辑推理能力和合作意识。

这是一节性质探索课，教师应通过设置科学合理的教学活动，锻炼学生的语言表达、思维习惯和推理能力，不断启发学生通过运用所学知识来解决问题，激发学生的研究热情，让学生尽可能多地参与课堂。因此，教师应给学生足够的时间和空间让学生能够充分地思考和表达，促进学生核心素养的形成。

另外，教师应特别注意语言表述和书写的规范性，在板书设计上应注意示范性，如图形的呈现、证明过程的书写等。

【案例十一】"直角三角形"教学设计

一、教材分析

"直角三角形"是北师大版数学课本八年级下册第一章"三角形的证明"中第二节的内容。本课时主要从直角三角形角的性质和判定出发，探讨了直角三角形有关定理的证明。本节主要分为两大模块，现进行总结。

第一模块："勾股定理逆定理的证明。"首先从勾股定理出发，分析得到勾股定理的逆定理，然后讨论探究逆定理的证明过程，并灵活利用定理及逆定理解决相关问题。

第二模块："互逆命题与互逆定理。"首先通过勾股定理的逆定理，分析两个命题的关系，得出逆命题的概念。举例说明命题都存在逆命题，但是当一个命题的原命题为真命题的时候，它的逆命题不一定为真命题。然后学习定理与逆定理的概念，并了解定理不一定有逆定理。

应用勾股定理、勾股定理的逆定理及识别两个互逆命题是本课的教学重点。学生已经通过一些直观的方法探究了勾股定理证明的过程，掌握了勾股定理的应用以及它的逆定理的应用，因此本节课主要带领学生探讨勾股定理的逆定理该如何证明。

能用严谨的几何语言证明勾股定理的逆定理既是本节课的教学重点，又是本节课的教学难点。虽然学生大都学习过勾股定理的证明，也了解了一些定理的推理，但是使用严谨的几何语言准确精练地推理证明题目对他们还是有些难度。通过本节课的学习，学生应学会正确使用几何语言和学过的知识简练、严谨地推理证明有关题目。

二、学情分析

在前面的学习过程中，学生主要通过一些直观的方法，来探索直角三角形全等的条件、勾股定理以及勾股定理的逆定理，通过探索，学生对其结论也有所了解和掌握。教科书中对这几部分内容的证明思路也比较清晰，如在之前的学习过程中，教师用割补法来验证勾股定理。对勾股定理的证明有很多，但是对于大部分学生来说，这些证明都具有一定的难度，因此教科书把两种证明方法放在了"读一读"中，不一定要求全部学生掌握，而是让学有余力的学生进行参考。

三、教情分析

（一）内容

本课时选自北师大版数学课本八年级下册第一章第二节直角三角形（第1课时）。主要内容是直角三角形的两个定理证明，并由此介绍了互逆命题和互逆定理的概念。

（二）内容解析

本节课从两个方面进行介绍：首先，从角的角度，介绍直角三角形性质的证明和判定方法，回忆并证明直角三角形的两个锐角互余，两个角互余的三角形是直角三角形；其次，介绍从边角判断直角三角形的性质和方法，用学生熟悉的面积法证明勾股定理，先作图（全等三角形）证明全等，得到直角，证明逆定理就是从这些定理中推导出来的。

本课的教学对象是八年级学生。学生通过一些直观的方法探索和学习了直角三角形的全等条件、勾股定理及其反定理，因此已经理解了这些结论，并有了一定的证明能力。在课本中，学生学习了如何用割补法来验证勾股定理，并根据已经确定的几个公理和由它们推导出的定理，证明了勾股定理。新课标对于本节课的要求是"探索勾股定理及勾股定理的逆定理，并且能够运用这两部分的知识点解决一些简单的练习题"，通过对新课标的解读发现，其并不要求学生掌握证明的过程，所以学生只需了解证明的过程和方法即可。

四、教学目标

（1）掌握直角三角形两个定理的证明方法，即其性质定理和判定定理，能够运用两个定理解决有关于直角三角形的实际问题，明白其文字语言的描述，能够清楚其图形语言，并能根据文字语言和图形语言，用符号语言来概括表达出命题的条件与结论，从中体会和发展抽象思维，建立初步的符号意识与符号感。

（2）通过解决生活中的实际问题，了解命题和逆命题的概念，会识别两个命题是否为互逆命题，能够清楚当原命题成立时，逆命题不一定成立；掌握证明和推理的基本方法，教师应引导学生积极参与探究活动和团队交流活动，激发学生求知求真的欲望。

（3）由互逆命题再进一步理解互逆定理的概念，并结合实际问题，强化对数学概念的理解。

五、教学重难点

教学重点：了解逆命题的概念，能够在具体问题中识别两个命题是否为互逆命题，了解勾股定理及勾股定理逆定理的证明过程。

教学难点：勾股定理及其逆定理的证明方法。

六、教学条件准备

用软白板及希沃软件中的投影功能，及时呈现教学内容与学生的互动结果，发展学生的演绎推理和转化问题的能力。

七、教学设计

（一）复习引入

教师：在过去的几节课中，我们学习了两种独特的三角形——等腰三角形和等边三角形。今天我们再学习一个特殊的三角形——直角三角形。

【师生活动】教师拿出一个直角三角形，让学生观察。

问题1：这是一个什么三角形？

预设回答：学生回答直角三角形。

追问：你是如何发现它是一个直角三角形的？

预设回答：有一个角是直角。

教师和学生一起学习直角三角形的定义：有一个角为90°的三角形叫作直角三角形。

【设计意图】通过图象和复习旧知识点直观地引出本节课要学习的新内容。

（二）新课讲解

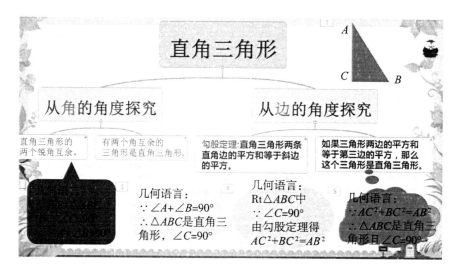

与前面的研究等腰三角形类似，本节课也从角和边两种角度研究直角三角形。

1.从角的角度出发

（1）性质定理的探索：

问题2：直角三角形的两个锐角有什么关系？

追问：这个性质中的条件是什么？结论是什么？

问题3：请写出这个性质的已知和求证，并写出证明过程。

【师生活动】教师板书证明过程。

已知：在 Rt $\triangle ABC$ 中，$\angle C=90°$，

求证：$\angle A + \angle B=90°$。

证明：在$\triangle ABC$中，$\angle A + \angle B + \angle C=180°$，

$\because \angle C=90°$，

$\therefore \angle A + \angle B=180°- \angle C$

$=180°-90°$

$=90°$，

$\therefore$直角三角形的两个锐角互余。

问题4：这个证明过程用到了什么理论依据？（直角三角形的定义、三角形的内角和定理）

（2）直角三角形判定定理的探索：

如果一个三角形的两个内角互余，那这个三角形的形状如何？

问题5：这个命题的条件是什么？结论是什么？

问题6：你能写出它的已知和求证吗？

问题7：如何证明它是一个直角三角形呢？

【师生活动】教师先让学生思考，然后板书证明过程。

已知：如右图所示，在$\triangle ABC$中，$\angle A + \angle B=90°$，

求证：$\triangle ABC$是直角三角形。

证明：在$\triangle ABC$中，$\angle A + \angle B + \angle C=180°$，

$\because \angle A + \angle B=90°$，

$\therefore \angle C=180°-（\angle A + \angle B）$

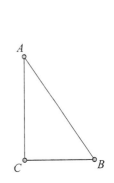

127

=180°−90°

=90°，

∴△ABC 是直角三角形。（直角三角形的定义）

追问：这个证明过程用到了什么理论依据？（三角形的定义、三角形的内角和定理）

【设计意图】 从角的角度探究直角三角形，帮助学生复习旧知识，并进行严格的证明；引导学生从合情推理转向演绎推理，让他们在文字、符号和图形之间进行有效的转换，并重视证明过程的合理性，以提升他们的逻辑思维能力。

　2. 从边的角度出发

（1）勾股定理的复习：

问题 8：直角三角形的三边之间有什么关系？

追问：这个定理是我们在上学期就学过的勾股定理，请问这个定理的条件是什么？结论是什么？

问题 9：如何将条件、结论写成已知和求证呢？

【师生活动】 教师让学生思考并书写，指出学生错误之处，并板书证明过程。

已知：在△ABC 中，∠C=90°，BC=a，AC=b，AB=c，

求证：$a^2 + b^2 = c^2$。

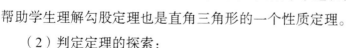

【师生活动】 观看勾股定理的视频。

【设计意图】 利用视频帮助学生在最短的时间回忆勾股定理的证明，并再一次认识到学习勾股定理是用来求边长，从而帮助学生理解勾股定理也是直角三角形的一个性质定理。

（2）判定定理的探索：

如果一个三角形两边的平方和等于另一条边的平方，那这个三角形的形状如何？

问题 10：它的条件是什么？结论是什么？

问题 11：如何写出已知、求证？

【师生活动】 教师分析：本题只有边之间的关系，如何证明直角问题？可以构建一个完整的直角三角形，并确保其两边的锐角完全一致，然后再进行全

等的证明。

已知：如右图所示，在 $\triangle ABC$ 中，$AC^2 + BC^2 = AB^2$，

求证：$\triangle ABC$ 是直角三角形。

证明：作 Rt $\triangle DEF$，$\angle F = 90°$，使 $DF = AC$，$EF = BC$（见图），则 $EF^2 + DF^2 = \underline{\hspace{1.5cm}}^2$（勾股定理），

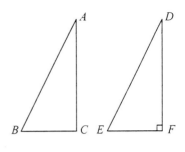

$\because AC^2 + BC^2 = AB^2$（　　　　），

$\therefore \underline{\hspace{1.5cm}}^2 = AB^2$，

$\therefore \underline{\hspace{1.5cm}} = AB$，

$\therefore \triangle ABC \cong \triangle DEF$（　　　　）。

$\therefore \angle\underline{\hspace{1.5cm}} = \angle F = 90°$

（ _____ ）。

因此，$\triangle ABC$ 是直角三角形。

此次证明的目的在于帮助学生更好地理解勾股定理及其逆定理，以及如何运用它们解决实际问题。教学时采用填空的方式帮助学生接受证明的方法和过程，同时采用视频方式回忆勾股定理，配合教师板书演练方式讲评，帮助学生理解和接受两个定理的证明过程。

3. 互逆命题

问题 12：以上定理中的条件与结论有什么关系？

【师生活动】游戏比赛环节（选两名同学上讲台比赛）。

判断下列命题的逆命题的真假：

（1）全等三角形的对应角相等。

（2）正方形是四边形。

（3）两直线平行，内错角相等。

（4）如果 $a = b$，那么 $|a| = |b|$。

（5）等角对等边。

（6）如果两个角都是 45°，那么这两个角相等。

通过比赛，我们发现原命题可能是正确的，但它的反命题可能并非正确。

如果一个定理的反命题被证明是正确的，那么它也可以被视为另一个定理的反定理，这种情况可能会导致更多的误解和错误判断。

虽然互逆命题并非总正确，但是互逆定理却是绝对正确的。

（三）例题讲评

如右图所示，在四边形 $ABCD$ 中，$AB /\!/ CD$，E 为 BC 上的一点，且 $\angle BAE=35°$，$\angle CDE=55°$，$AE=2$，$DE=3$，求 AD 的长。

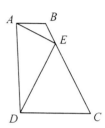

（四）课堂演练

1. $\triangle ABC$ 的三条边长分别为 a、b、c，满足下列哪个条件时，它是一个直角三角形？（　　　）

A. $\angle A + \angle B= \angle C$　　　　　　B. $\angle A : \angle B : \angle C=1 : 2 : 3$

C. $a^2=c^2-b^2$　　　　　　　　D. $a : b : c=3 : 4 : 6$

2. 在 $\triangle ABC$ 中，已知 $\angle A= \angle B=45°$，$BC=3$，则 $AB=$＿＿＿＿。

3. 已知 Rt $\triangle ABC$ 中的两边长分别为 5 和 12，则第三边长为＿＿＿＿。

4. "等腰三角形的两底角相等。"请你写出它的逆命题是＿＿＿＿＿＿＿＿

＿＿＿＿＿＿＿＿＿＿＿＿＿＿＿＿＿＿＿＿＿＿＿＿＿。

5. 如右图所示，点 P 是射线 ON 上的动点，$\angle AON$ 为 $20°$，当 $\angle A=$＿＿＿＿时，$\triangle AOP$ 为直角三角形。

6. 在 $\triangle ABC$ 中，$CD \perp AB$ 于点 D，$AC=17$，$BC=10$，$DB=6$。

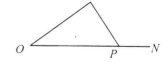

（1）求 CD，AD 的值；

（2）判断 $\triangle ABC$ 的形状，并说明理由。

7. 如右图所示，在 $\triangle ACB$ 中，$\angle ACB=90°$，$CD \perp AB$ 于点 D。

（1）求证：$\angle ACD= \angle B$；

（2）若 AF 平分 $\angle CAB$，分别交 CD，BC 于点 E，F，证明：$\angle CEF= \angle CFE$。

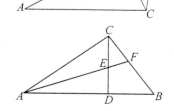

（五）知识点小结

直角三角形的性质与判定可以从以下两方面进行。

（1）从角的角度研究。

性质定理1：直角三角形的两个锐角互余。

判定定理1：有两个角互余的三角形是直角三角形。

（2）从边的角度研究。

性质定理2：直角三角形两条直角边的平方等于斜边的平方。

判定定理2：如果三角形两边的平方和等于第三边的平方，那么这个三角形是直角三角形。

（六）布置作业

1.请写出下列命题的逆命题，并评估它的正确性。

（1）等边对等角。

（2）两直线平行，内错角相等。

（3）如果 $ab=0$，那么 $a=0$，$b=0$。

2.在△ABC 中，$AB=13$ cm，$BC=10$ cm，BC 的中线 $AD=12$ cm。

求证：$AB=AC$。

3.一块三角形空地的三条边线分别长 45 cm、60 cm 和 70 cm，其中 60 cm 的边线呈南北向，那么是否存在一条边线朝着东南方向？

4.在 Rt△ABC 中，∠A=90°，BD 平分∠ABC，M 为直线 AC 上一点，ME⊥BC，E 为垂足，∠AME 的平分线交直线 AB 于点 F。

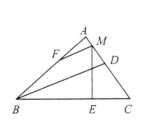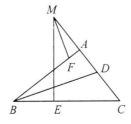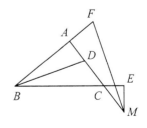

（1）若 M 为边 AC 上一点，判断 BD、MF 的位置关系，并说明理由。

（2）若 M 为边 CA 延长线上一点，判断 BD、MF 的位置关系，并说明理由。

（3）若 M 为边 AC 延长线上一点，判断 BD、MF 的位置关系，并说明理由。

八、板书设计

<table>
<tr><td colspan="3" align="center">直角三角形</td></tr>
<tr>
<td>
1.定义
2.从"角"：
性质：
判定：
3.从"边"：
性质：
判定：
4.互逆命题
</td>
<td align="center">例题讲评</td>
<td>
习题练习：
1.
2.
3.
4.
5.
</td>
</tr>
</table>

九、教学反思

学习了等腰三角形后再学习直角三角形，类比等腰三角形的探索，直角三角形也从"角"和"边"的角度探索，最后从四个定理关系中认识互逆命题与互逆定理。

课前反思：准备还不够充分，思维导图中从角出发和从边出发两个角度没有调整好出现的顺序，影响了课中的流畅性。另外，投影笔的使用也没有课前调整好，教师对信息技术的了解还有待进一步提高。

课中反思：教师语速偏快，抑扬顿挫掌握得不够完美。学生积极参与，讨论效果不明显。习题安排比较多，但是时间有限，课上没有太多的时间练习，课堂效率有待提升。

课后反思：本课时的重难点不够突出，教师应用多媒体的教学技术不够熟练，视频的剪辑经过反复修改。未来应进一步熟悉多媒体技术，不断成长。

学生在命题和逆命题的分析和理解上存在一定的不足，特别是在语言表达上，他们的表达能力还有待提高。因此，教师应该重视学生的个体差异，并且及时地给予他们有效的帮助和指导，以便他们能够更好地掌握本节课的知识。应该让每一位学生都参与证明的过程，为他们提供足够的时间、空间和方法来探索证明的可行性，让他们深刻地认识到证明的重要性。另外，作为教师，应该保持冷静，并将学生的需求放在首位，关注学生的个性差异，为那些在学习上遇到困难的学生提供帮助和指导。

【案例十二】 新授课《图形的旋转》教学设计

一、教材分析

本节课是北师大版数学课本八年级下册第三章"图形的平移与旋转"的第二节的第一课时的内容。本节内容主要从图形的旋转定义、性质和用途入手，由学生所接触和观察的现象入手，由具体走向抽象，由感性走向理性，由现实走向理论，再用理论来验证实践，逐步引导学生理解生活中有旋转特点的事物，然后探索它们的本质，是发展学生思维能力和建立运动变化观点的平台。"图形的旋转"一节为本章之后的中心对称以及圆的知识的学习做了铺垫，是继平移、轴对称之后又一次图形的重要变换。因此，根据概念形成的心理活动过程和新课标中对数学学习的要求，本节课采用"问题驱动＋活动主线"的方式，让学生"动手做数学"，使学生真正感受"在变中寻找不变"。

二、学情分析

从学生认知角度分析：八年级的学生在本节课之前已经学习过图形的平移和轴对称两种图形的基本变换，经历过图形的平移性质的探索过程，积累了一定的变换思想，对本节课的知识也具有强烈的探索愿望；从学生能力角度分析：八年级学生已经有了一定的观察能力、抽象能力以及分析能力，能够从较为简单的物体运动中抽象出几何图形的变换，但是旋转是初中要求掌握的三种图形全等变换中难度较大的一种，在探索的过程中对学生的观察能力、动手能力、交流归纳能力以及对数学方法的掌握能力的要求较高，因此学生思维的严谨性和抽象性仍有待提高；从学生情感角度分析：八年级学生已经有了一定的自主学习的意识，能自主地动脑去思考，能主动地动手操作，能通过自己的语言与同学、教师交流和表达自己的思想。

三、教情分析

该设计力求从观察入手，注重问题的引导，教学策略灵活多样，教师在讲解过程中采用了多种方法，如通过展示幻灯片、举例说明、动手练习等，使学生能够更加清晰地理解和掌握旋转相关的知识点。本课教学目标明确，通过对课本中的例题和习题的讲解，引导学生掌握旋转的基本概念和性质，以及在具体问题中如何应用旋转相关的知识。本节课举出了大量日常生活中的实例，目的是帮助学生将抽象的概念具体化，同时培养学生的发散性思维，增强学生运用数学的意识。

四、教学目标

（1）通过具体的实例认识平面图形关于旋转中心的旋转，并探索其基本性质。

（2）了解中心对称以及中心对称图形的概念，探索其基本性质。

（3）在欣赏、观察、归纳、比较和抽象等数学活动中体会数学的严谨，发现其中蕴含的规律性和趣味性，善于发现并乐于欣赏生活中的中心对称图形，增强学习积极性。

五、教学重难点

教学重点：理解图形旋转的概念、图形旋转的性质。

教学难点：理解图形的旋转概念的生成过程，以及图形旋转的性质的探究过程。

六、教学条件准备

多媒体：智慧课堂软件。

七、教学设计

（一）新课导入，引出概念

教师播放旋转大楼的视频。

【设计意图】利用旋转大楼的视频引入，激发学生的学习兴趣。

问题1：你能否说出几个身边能够旋转的物体，并说明它们有什么共同特征？

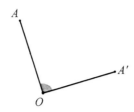

【师生活动】教师用多媒体动画板展示动态旋转物体图片示意图，学生观察示意图，思考并回答问题。所有旋转物体都具有一个固定的轨迹，并且具有一个明确的旋转方向和角度。

通过让学生观察和描述日常生活中的旋转物体，教师希望能够启发他们的思维，培养他们的学习兴趣，并为他们接下来的学习做好充分的准备。

问题 2：你能否根据旋转的特性，尝试给旋转下一个定义？

教师指导学生理解旋转的意义：当一个物体围着一个固定的位置以一个特殊的角度移动时，就可以把它看作一个旋转体。该位置被称作旋转中心，而旋转体所围成的角则被称作旋转角。即使进行旋转，也无法影响图形的外观或尺寸。

通过实际案例，学生可以深入探究"生活中的旋转"和"数学中的旋转"之间的旋转关系，并且通过这些实例加深对数学概念的理解，进而培养抽象概括能力。

（二）动手操作，感受新知

问题 3：一个物体围绕某个特定点旋转时，如何准确地确定旋转的中心、方向以及旋转角度？

【师生活动】教师指导学生观察线段的旋转，帮助学生理解图形旋转的概念，并且更清楚地了解旋转的三个关键要素：旋转的中心、旋转的方向以及旋转的角度。

追问 1：观察杠杆撬起重物和钟表指针转动的两幅图，你能找出它们的旋转中心吗？

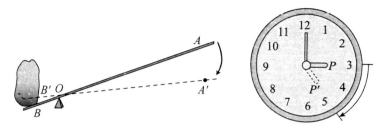

【师生活动】学生自主思考后说出答案，教师进行指导。

"旋转中心""旋转方向"与"旋转角"的确定可以帮助学生更好地理解本节课的基本内容，同时可以激发他们的兴趣，使他们更加深入地了解旋转的重要性。

教师使用多媒体动画板，向学生展示如何通过旋转来创造出精美的图片，让他们感受到旋转不仅可以改善生活，还可以美化环境。

接下来，通过使用图钉和卡纸，学生可以创造出旋转图案，并在课堂上进行展示。

通过实际操作，学生可以体验旋转的乐趣，并且能够理解旋转的中心、方向和角度不同产生的不同效果。

【师生活动】通过观察动画，探究三角形在旋转过程中是否会出现形状、位置和大小的变化。

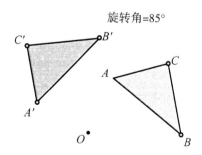

旋转角=85°

追问2：对应点到旋转中心的距离有什么关系？

【师生活动】学生分小组探讨，最后得出结论：

（1）位置发生改变，三角形的形态没有变。

（2）即使在旋转中心发生变化的情况下，对应点与其之间的距离也保持不变，这一结论仍然有效。

（3）当旋转角度发生变化时，对应点与旋转中心之间的夹角仍保持不变，这一结论仍然成立。

追问3：你能由此总结出图形旋转的性质吗？

【师生活动】学生在教师的引导下总结出旋转的性质：

（1）旋转后，所有的图形都具有完全相同的线段和角度；

（2）保距性：对应点到旋转中心的距离相等；

（3）任何一组相互关联的点与旋转中心之间的夹角均可被视为旋转角。

通过实际操作，教师希望帮助学生培养逻辑思考和分析问题的能力，帮助他们更好地掌握数学知识，从而更好地掌握数学的基本原则，能够将复杂的问题简化为容易解决的问题。

问题4：在图中的四个三角形中，哪个不能通过平移或旋转来获得？

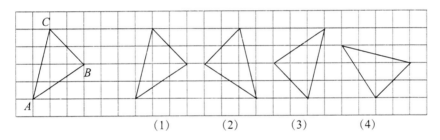

（1） （2） （3） （4）

【师生活动】学生先独立思考，然后抢答：（1）是经过平移得到的；（2）不能经过平移或旋转得到，可以看成由经过轴对称得到的；（3）（4）是经过旋转得到的。

教师引导学生归纳总结，得出结论：

转换方式	形状	大小	方向
平移	不变	不变	不变
轴对称	不变	不变	改变
旋转	不变	不变	改变

通过这个活动，学生能够更好地了解平移、轴对称和旋转三种图形的运动方法，并能够更好地掌握这些方法的核心概念。

（三）发展思维，应用新知

例题 1：观察如右图所示的旋转活动，回答下列问题：

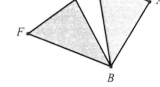

（1）旋转中心是 _____；

（2）经过旋转，点 A 和点 C 分别移动到了 _____ 位置；

（3）若旋转角为 55°，则∠ CBF= _____；

（4）线段 AB 与线段 BE 的长有什么关系？线段 AC 和线段 EF 的长又有什么关系？

通过实践活动，学生能够更好地理解旋转的概念，培养运用旋转性质的能力。

例题 2：如右图所示，点 E 是正方形 $ABCD$ 中 CD 边上任意一点，以点 A 为旋转中心，把△ ADE 顺时针旋转 90°，请画出旋转后的图形。

【解答】如下图所示，即为旋转后的图形。

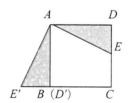

本次课程旨在探究如何利用旋转原理来创建新图形，以及如何将其应用于更加复杂的环境，从而培养学生的操控能力，让他们能够更好地理解和掌握如何将简单的图形进行有效的旋转，并从不同视角探究图形之间的联系。

如下图所示，将△ OAB 绕点 O 按逆时针方向旋转至△ $OA'B'$，使点 B 恰好落在边 $A'B'$ 上。已知 $AB=4$ cm，$BB'=1$ cm，则 $A'B$ 的长为多少？

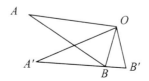

【设计意图】通过课堂练习及时巩固本节课所学内容，考查学生的知识应用能力，培养其独立完成练习的习惯。

（四）课堂小结

（1）请同学们分享你在这节课中的收获和体验，并与其他同学一起讨论。

（2）旋转是一种非常重要的图形变换，它不仅可以帮助我们更好地理解平移和轴对称的概念，还可以为我们提供更多的知识。

【设计意图】通过小结让学生进一步熟悉巩固本节课所学的知识。

（五）布置作业

（1）请同学们展示各种与旋转相关的图片，以更好地理解本节课的主题。

【设计意图】将上一节课的内容进行延续，让学生更好地理解这些知识在日常生活中的广泛应用。

（2）完成教材的课后练习。

【设计意图】通过课后作业，教师可以更好地了解学生对本节课的掌握程度，从而更有针对性地调整教学内容和方式，以收获最佳的教学效果。

八、板书设计

图形的旋转	
1. 导入 2. 定义 旋转：在平面内，将一个图形绕一个定点按某个方向转动一个角度称为旋转。这个定点称为旋转中心，转动的角称为旋转角。旋转不改变图形的形状和大小 性质：全等性、保距性、保角性 3. 小结	练习

九、教学反思

教师可以通过"最近发展区"激励学生的兴趣，并培养他们的创新精神。例如，可以让学生通过实际的活动，如使用图钉或者卡纸来创建一个与旋转相关的图案。通过观察，学生能意识到旋转的角度和中心的位置会影响旋转的结果。"交流讨论""说理论证"旨在帮助学生理解旋转的本质，以及如何利用所掌握的知识来应对实际挑战。

教师应该在授课过程中创造有利的问题情境，以唤醒学生的求知欲，并通过指导和鼓励，来培养学生的能力。

在学生自主探究思考的过程中，教师应关注学生是否主动参与学习活动，学习数学兴趣和自信心是否变化；与他人合作以及与同伴和教师交流是否顺畅。

【案例十三】"再谈'抛硬币'——概率的进一步认识"教学设计

一、教材分析

本节课是北京师范大学出版社《义务教育教科书·数学》九年级上册第三章"概率的进一步认识"中的第一课时——用树状图或表格求概率。本章属于"统计与概率"领域，包括两节的内容：用树状图或表格求概率、用频率估计概率。本节课的内容是在学生已经认识了许多随机事件，会用列举法计算涉及与一步试验发生的可能性相等事件基础上进行教学的。本节课在先前学习的基础上深入探究理论概率与实验概率的联系，以常见模型的形式展示了如何计算随机事件概率的实验估算方法和涉及两步及两步以上试验的随机事件理论概率的方法，即"树状图"和"列表法"。

本节课以"抛硬币"为实际背景，意图引出计算涉及两步试验的等可能事件概率的计算方法——画树状图或列表。首先，教师引导学生完成表格，罗列出所有结果，再介绍计算概率的方法——树状图，数形结合，应用树状图和表格法计算简单事件的发生概率。本节课旨在加强学生的数感和符号意识，重点培养学生的数据观念、推理能力等核心素养。

二、学情分析

学生在七年级下册学习"概率初步"这一章时，已通过试验感受随机事件发生频率的稳定性，体会概率是用来描述随机事件的数学模型，会用列举法计算涉及一步试验的等可能事件的概率，知道判断一个游戏是否公平的方法，积累了一定的数学活动经验。这些都是学生继续学习本节课的基础。但是，学生对事件的等可能结果的理解还是存在相当大的困难，这也是本节课要突破的难点。

三、教情分析

教师以学生认知发展水平和已有的经验为基础，面向全体学生，充分利用软白板及希沃软件，通过问题驱动，注重因材施教，启发学生思考。本节课先引导学生通过猜想、动手试验、收集试验数据、以小组为单位共同整理试验结果等活动过程，进一步理解当试验次数较大时试验频率稳定于概率，体验数据的随机性，积累数学活动经验。随后，教师指导学生自己动手探索关于随机现象的活动，活动大致有"结果猜想、设计试验、收集数据并分析"等过程，以获得"抛硬币"事件发生的概率。通过这一过程，学生会加深对随机现象特点以及概率的意义的认识，并认识到通过试验来探究结果的重要性。最后，师生共同利用树状图或表格，展示出等可能的结果，使随机事件发生的概率变得清晰，使学生感受利用树状图或表格求概率的便利性，进一步发展学生的符号意识和数感思维。

四、教学目标

（1）在现实情境中体会借助树状图和表格法计算简单的事件发生概率的意义，感受数学与生活息息相关，进一步发展学生的数感意识。

（2）掌握使用树状图和列表法计算涉及两步试验的随机事件发生概率的方法，通过经历猜测、试验、收集试验数据、设计试验方案、分析试验结果等活动，深入感受利用树状图或表格求解概率的便捷性。

（3）经历试验和收集数据的活动过程，发展合作交流的意识和发现问题、提出问题、解决问题的能力。

（4）加强数感和符号意识，培养数据观念、数据推理技能等核心素养。

五、教学重难点

教学重点：运用树状图和列表法计算涉及两步试验的随机事件发生的概率。

教学难点：理解两步试验中"两步"之间的相互独立性，认识两步试验所有可能出现的结果及每种结果出现的等可能性。

六、教学条件准备

多媒体：用软白板及希沃软件功能，及时呈现教学内容和与学生的互动结果，发展学生的符号意识和数感思维。

教具：质地均匀的硬币。

七、教学设计

（一）复习提问，知识联结

【师生活动】教师引导学生回顾所学知识，学生回答。

问题1：什么叫频数？

频数是指在数据统计中，某一特定对象出现的次数，它可以用来衡量该对象的重要性。例如：在数据2、3、5、7、2、3、2、1、5、3中，2这个数据出现的频数为3。

问题2：什么叫频率？

频率是指某一特定对象出现的次数与总次数之比的大小，它可以用来衡量一个特定事件的发生频率。例如：在数据2、3、5、7、2、3、2、1、5、3中，2这个数据出现的频率为0.3。

【设计意图】帮助学生重温之前学习的概率知识，并为他们提供一个探索新知识的平台。

（二）创设情境，引入新知

【师生活动】学生自由讨论然后回答问题。

问题3：投掷一枚质地均匀的硬币，硬币落下后，会出现几种情况？

预设回答：正面朝上和反面朝上两种情况。

追问：你是否认为正面朝上和反面朝上的可能性是一样的？

【设计意图】通过分析日常生活中的实际情况，教师希望能够激发学生的思考，并培养他们的探究精神和解决问题的能力。

【师生活动】导入新课。学生前后四人为一小组，开展小组活动探究。

小明、小颖和小凡都渴望观看某一场电影，但他们只拥有一张电影票，于是他们决定一起玩一个游戏，谁能赢得游戏，谁就可以去看电影，游戏规则如下：投掷两枚质量一致的硬币，如果两枚都是正面朝上，小明就会赢得比赛；如果两枚都是反面朝上，小颖就会赢得比赛；如果一枚是正面朝上，一枚是反面朝上，小凡就会赢得比赛。

问题4：你认为这个游戏公平吗？

【设计意图】以贴近学生生活的实例设置背景，引出问题，让学生体会到数学来源于生活，会用数学的思维思考现实世界，提高学生运用数学知识解决问题的能力。

（三）小组合作，探索新知

【师生活动】学生分小组试验，在试验过程中累计各组的试验数据，教师巡视指导个别有困难的学生。

试验1：四人一组，其中甲乙两人各抛一枚硬币算一次试验，共做20次，另外两人记录每次结果。然后小组内完成下列表格。

每次结果	甲抛第一枚	乙抛第二枚	每次结果	甲抛第一枚	乙抛第二枚
第 1 次			第 11 次		
第 2 次			第 12 次		
第 3 次			第 13 次		
第 4 次			第 14 次		
第 5 次			第 15 次		
第 6 次			第 16 次		
第 7 次			第 17 次		
第 8 次			第 18 次		
第 9 次			第 19 次		
第 10 次			第 20 次		

做一做：再根据上表结果填写下表（小组汇报）。

抛掷的结果	两枚正面朝上	两枚反面朝上	一枚正面朝上、一枚反面朝上
频数			
频率			

问题 5：你能从中得到什么结论？

【设计意图】通过实际的数学试验，学生可以更深入地理解数据的随机性，并且在实践中积累数学活动的经验，从而培养良好的数据观念，并且认识到数学试验对于提升学生的学习能力和数学水平至关重要。教师希望在活动中发展学生的合作交流意识和发现问题、提出问题的能力，提高学生的语言组织能力和语言表达能力。

试验 2：通过计算机软件模拟试验，计算试验次数为 100 次、200 次、300 次、400 次、500 次所产生的不同结论的发生概率，并将其列于下表中。

试验次数	100	200	300	400	500	⋯
两枚正面朝上的次数						
两枚正面朝上的频率						
两枚反面朝上的次数						
两枚反面朝上的频率						
一枚正面朝上、一枚反面朝上的次数						
一枚正面朝上、一枚反面朝上的频率						

问题 6：通过刚才的试验，你认为这个游戏公平吗？

【设计意图】"连续掷两枚硬币"随机事件的实验可以被计算机模拟，学生能够从中更加直观地感受到随机事件发生频率的稳定性，以及它们之间的相互关系。

试验 3：对"两枚正面朝上""两枚反面朝上""一枚正面朝上、一枚反面朝上"的三种情况进行评价。

问题 7：你觉得这个游戏公正吗？

活动小结：经过多次实验，"一枚正面朝上、一枚反面朝上"的出现概率明显高于其他两种结果的出现概率，这表明这个游戏并不公平，小凡获胜的机会更大。

（四）交流汇总，归纳要点

【师生活动】教师引导学生思考上面掷硬币试验中的问题。

（1）投掷第一枚硬币时，可能会产生什么样的结果？这些结果的可能性是否一致？

（2）投掷第二枚硬币时，可能会产生什么样的结果？这些结果的可能性是否一致？

（3）当第一枚硬币以正面方向投掷，而第二枚则以反面方向投掷，那么这两者的结果会不会有所不同？

【师生活动】小组合作，学生一起分析试验结果并小组汇报给出答案，教师点评并进一步讲解。

【设计意图】通过问题串，引导学生发现"连续掷两枚硬币"这一事件是等可能事件，第一枚硬币掷出的结果对第二枚硬币没有影响，引导学生得出"抛硬币"是独立事件，为后面引出运用等可能事件概率的求法来求"连续掷两枚硬币"这类事件的概率做铺垫。

试验4：根据以上试验结果填写下表。

抛掷第一枚硬币		抛掷第二枚硬币	
正面朝上的次数		正面朝上的次数	
		反面朝上的次数	
反面朝上的次数		正面朝上的次数	
		反面朝上的次数	

活动小结：

（1）第一枚硬币"正面朝上"与"反面朝上"出现的可能性完全一致；

（2）无论第一枚硬币出现哪种结果，第二枚硬币"正面朝上"和"反面朝上"的概率都相同；

（3）抛出两枚质地相同的硬币，正反两面出现的概率是相同的。

教师启发：画树状图可以表示出所有等可能结果。

知识要点：画树状图如下。

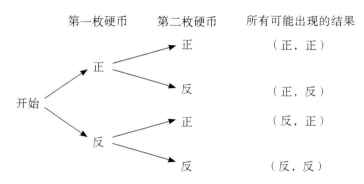

【设计意图】通过实践活动，学生可以更深入地理解随机现象，从而更好地掌握概率的概念，并且能够从中获取有价值的信息。

知识要点：

（1）明确试验步骤：掷第一枚（次）、掷第二枚（次）；

（2）每步试验的结果都是等可能性的；

（3）列出每步试验的结果。

（五）巩固练习，熟练技能

【师生活动】完成巩固练习。

练习1：完成随堂练习。

练习2：为奖励同学们，胡老师将赠送一些电影票。每位同学选择一种方案赢取电影票，规则如下：抛掷三枚质地均匀的硬币，恰好出现三枚均为正面朝上或者两正一反，则可以赢取电影票。同学们会选择哪种呢？

【学生活动】小组交流和分工，用树状图表示概率作出选择。

预设回答：

共有8种可能结果。

恰好出现三枚均为正面朝上的结果有1种：（正，正，正）。

恰好三次记录为两正一反的结果有3种：（正，正，反）（反，正，正）（正，反，正）。

$\therefore P$（恰好出现三枚均为正面朝上）$= \dfrac{1}{8}$。

$\therefore P$（恰好出现三次记录为两正一反）$= \dfrac{3}{8}$。

因此，选择两反一正的情况更容易获得电影票。

【设计意图】通过设置有趣的问题，教师希望激发学生的自主学习兴趣，让他们感受到数学是如何融入日常生活的，并将其运用到实际中。此问题为一个三步等可能事件求概率问题，学生在选择方法的时候发现列表法并不能解决三步等可能事件求概率问题，初步认识到运用列表法求概率的局限性，以及列表法和树状图求概率的差异，为下一堂课做了铺垫。

（六）总结反思，答疑解惑

问题8：本节课你都有哪些收获？还存在哪些疑惑？有何感想？

问题 9：列表格或树状图求概率时应注意什么情况？

【师生活动】学生畅所欲言，纷纷表达：学会了画树状图或列表格求随机事件发生的理论概率；明白了画树状图或列表格求概率时，所有可能出现的结果必须具有等可能性；懂得了试验探究需要大胆实践、充分交流，以及与团队协作的重要性。教师总结学生发言并板书。

【设计意图】这一环节提出一些问题来帮助学生反复思考，让他们在老师的指导下将这一部分的内容整合起来，更好地掌握树状图和列表法来估算概率的技巧。

（七）分层作业，深化提高

基础作业：（必做）课本习题 3.1 第 1、第 2、第 3 题。

提高作业：（选做）查找资料并思考树状图与表格法的功效是否完全一样。

【设计意图】因材施教，既要保证学生能够及时掌握课堂所学的基础知识和基本技能，也要鼓励学有余力的学生获得进一步提高。

八、板书设计

再谈"抛硬币"——概率进一步认识			
1.温故知新 （1）频数 （2）频率 2.探究新知 试验1	试验2 试验3	试验4 描述法	练习 归纳总结 思考

九、教学反思

（1）在使用树状图或表格来估算事件发生的概率时，应该考虑到所有可能的结果，以避免学生因为忽视这一点而错误地选择方法。

（2）在小组活动中，应合理把握课堂活动时间，提高学习效率。

（3）实验操作过程的指令应该更加精细、更加明确，并且每一步试验要让学生知道这么操作的原因。

第三节　综合实践课教学设计案例

【案例十四】 "七巧板"教学设计

一、教材分析

本节课所用教材为北师大版数学课本七年级下册综合与实践二的教学内容，以活动课的形成呈现角、边及图形等有关内容的综合应用。本节课旨在通过对七巧板来源的了解，组织学生进行七巧板的制作、拼图和摆图等活动，以提高学生的动手能力，使其掌握与线段、角、平行线、垂线等有关的知识和技能。七巧板是一种在我国流传久远的古典益智玩具，它不仅拥有强大的益智娱乐功能，还拥有深厚的文化底蕴，成为传承中华优秀传统文化的璀璨结晶之一，至今备受喜爱。当今社会，人们十分重视对青少年的科学思维模式的培养，益智玩具既能培养青少年坚持不懈与钻研的精神，又能提高他们的观察、思考、想象等逻辑思维能力，对全面提升青少年的心理和科技能力，激发他们的求知欲和创新精神起着积极的作用。

二、学情分析

学生在小学期间已经知道用七巧板可以进行简单的拼图活动，但缺少了对数学几何相关知识的了解。七年级下册第二章学生学习了平行、垂直、轴对称等几何相关的知识，这使学生对七巧板进行进一步的几何思考和探究有了一定的知识储备和基础，同时学生已经具备从事数学活动、数学交流、数学思考的活动经验，为学生探究七巧板中蕴含的更深刻的几何关系和图形的性质奠定了基础，有利于学生对七巧板的构造进行再认识和再思考。七年级学生正处于形式运算阶段，他们不但能运用词语，而且能以概念、假定等为前提，通过假设和推论得出自己的结论。这种认知能力的获得是学生探究用小板拼大板的重要基础。教师希望通过对七巧板及其基本图形的性质进行探究，发展学生的空间想象力，提高他们的空间思维能力。

三、教情分析

这一节课的主要内容是让学生通过数学活动来学习和感受数学。首先，通过拼图游戏，培养学生的抽象性、想象性和概括性，使学生能够用图画语言来表达自己的思想情感；其次，在探索七巧板基本图形的过程中，学生经历"观察—猜想—验证"过程，通过度量、比对、折叠、论证等方法来加深对等腰直角三角形、正方形、平行四边形的认识；最后，学生在制作七巧板的过程中体会生活中的数学方法。通过开展活泼、主动、有效的数学活动，学生能够在进行自主探索和合作交流的过程中，对有关知识有更加深刻的认识。

四、教学目标

（1）以七巧板为素材，让学生加深对"边""角""平行""垂直"等知识的理解，并在分析构成七巧板的基础几何图形时，能运用"平行""垂直""轴对称"等与几何有关的概念与性质，对"七巧板"进行更深层次的理解。

（2）对学生的动手操作能力和探索精神进行培养，使学生积累一些基础的数学活动经验。

（3）学生小组合作进行七巧板的摆拼，能用几何图形和数学语言表达自己的思考成果，进一步重视用数学语言描述现实世界的方法，提高合作和交流能力，体验自主探究的学习方式。

五、教学重难点

教学重点：开展七巧板制作、拼摆等活动，加深对"边""角""平行""垂直"等概念的认识与运用。

教学难点：利用七巧板拼出各种图形，建立起与几何相关内容之间的有机联系，探究七巧板中各图形的相关性质。

六、教学条件准备

运用软白板及希沃软件，与学生共同探讨组图和拼图创作，组织学生运用卡纸制作七巧板并指导小组合作和动手实践。

七、教学设计

（一）背后的故事

在英文中，七巧板被称为"tangram（唐图）"，意思就是"中国的图形"，这也说明七巧板是中华民族智慧的一种体现。

宋朝的燕几图：七巧板最开始的来源是"燕几图"，燕几就是古代用来招呼客人宴请用的案几，北宋有位进士名为黄伯思，他设计了六件长方形的案几，在宴请宾客时可以根据人数的多少来变换桌子的摆放位置，方便不同人进行聚餐。后来他又增加一件小几，一共七件案几全拼在一起可以拼出一个大长方形，而七个案几分开就可以组合出变化多端的样式，这就是最早的七巧板。

明朝的蝶几图：后来，明朝有位叫作严澄的人依照"燕几图"的原理，又设计了"蝶几图"。这是由十三件各不相同的三角形案几组成的，拼在一起也可以形成一百多种不同的图案。之后明朝有人写出了《蝶几谱》，里面记载的燕几图拼出的图案就像是一只蝴蝶展翅的形状，因此而得名。

清朝的七巧桌：随着时代的发展，清朝组合家具不断演变，当时有些人觉得桌面形状很特别，就截取下来玩，这就形成了当下最流行的玩具——七巧板。

【师生活动】播放《七巧板的由来》相关视频，学生观看了解七巧板的相关数学史，并简单叙述七巧板的发展历史。

【设计意图】利用视频激发学生的兴趣，通过历史知识的科普，为学生创设充满人文气息的学习环境，培养学生的爱国情怀。

（二）图形的秘密

1. 七巧板的制作

探究制作七巧板的方法，引导学生按提示进行七巧板的制作。

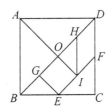

制作七巧板的步骤如下：

（1）先制作正方形 $ABCD$；

（2）连接 BD，取 BD 的中点 O，连接 AO；

（3）分别取 BC、CD 的中点 E、F，并连接 EF；

（4）分别取 BO、DO、EF 的中点 G、H、I，并连接 EG、OI、HI；

（5）将这个图形沿所画线剪开，得到的即七巧板。

【师生活动】学生根据步骤，自行完成七巧板的制作，并上台展示自己制作的七巧板，教师进行点评。

【设计意图】培养学生动手实践能力，激发学生的学习热情与乐趣，让学生在动手过程中体会生活中需要用到的数学知识，学会用数学方法解决实际问题，培养学生应用意识。

2．七巧板中的数学知识

（1）图形。

七块板各是什么图形？

组成一副七巧板的基本图形中有面积相等的图形吗？这些基本图形的面积有怎样的关系呢？

（2）线段。

位置关系：七巧板中有互相平行的线段吗？有互相垂直的线段吗？

数量关系：七巧板中有相等的线段吗？

（3）角。

每一块板中各角的度数是多少？

【师生活动】通过教师的引导，学生发现七巧板中蕴含的面积、线段、角度的数量关系或位置关系。

【设计意图】这一环节是教学的一大重点，旨在让学生在已有的几何相关知识的基础上，从数学的角度，对七巧板中各板块基本图形的面积关系、各线段之间的数量和位置关系、各板块所含的角度进行探究，对七巧板有一个更全面的认识。同时，这一环节可以培养学生几何直观、空间观念等核心素养，从而为后续的几何学习做好相应的准备。

（三）拼摆的技巧

（1）请从七巧板中选择 n（$2 \leq n \leq 7$）块，拼出一个我们学过的平面几何图形（如三角形、平行四边形、长方形等）。

教师提示：拼图过程中涉及数学当中密铺的概念。教师介绍密铺概念后，启发学生思考发现：在拼图的时候，上下两个板块的衔接要注意板块的角度以及边长是否吻合。

（2）若一副七巧板的面积为32，请说出本小组拼图的面积。

教师提示：能够通过前面的基础探究快速判断使用了多少板块，然后根据图形进行计算。

（3）若从七巧板中任意选择2块，你能拼出多少种大小不同的三角形？有几种拼法？如果是任意选择3块呢？如果是7块呢？

教师提示：引导学生先进行思考，再开展拼图，使学生学会理性解决问题。在这个过程中，教师可以及时提问学生是如何思考的，又是如何摆拼的，帮助学生及时进行拼图的反思，为后续的拼图活动奠定基础。

【师生活动】教师引导学生对拼图的原理和技巧进行思考，学生根据提示完成相应的任务。

【设计意图】拼图活动中选择的块数不同，对应的难度也不同，这是本节课教学难点。在难度不断提升的过程中，教师引导学生对自己的拼图活动有一个理性反思的过程。

（四）创作的心路

利用七巧板与小组合作摆拼一幅具有创意的图案，要求如下：

（1）以小组为单位，先定一个主题，如"动物""字母""交通工具"等，小组间主题不重复；

（2）每个小组派代表进行展示，并介绍自己小组的作品。

【师生活动】学生小组进行合作，各组派代表展示作品，教师引导学生对作品进行介绍。

【设计意图】在创新探究活动中，发展学生的空间想象能力，培养学生的几何直观和数学逻辑思维，进一步发展学生数学思考、数学表达、数学交流能力，引导学生从"盲目拼图"到"理性拼图"过渡。

（五）创作后的感悟

（1）你对"七巧板"的摆拼有了哪些新的收获？

（2）谈谈你对几何图形有了哪些理解和认识。

【师生活动】教师给学生时间，让学生充分表达，畅谈收获。

【设计意图】鼓励学生大胆表达，培养学生的表达能力和数学思维，使其感受数学的几何美和图形的变化。

（六）目标检测

1. 七巧板是我国古代著名的一种智力玩具，它的创作实际上是来源于勾股法。如图①所示，正方形 $ABCD$ 分割成七小块（其中包括一块正方形和一块平行四边形以及五块等腰直角三角形）组成了一副七巧板，图②是由七巧板拼成的一个梯形。设正方形 $ABCD$ 的边长为 12 cm，则梯形 $MNGH$ 的周长是＿＿cm。

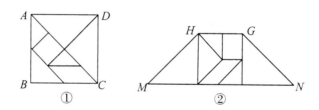

2. 如下图所示，将标号为 A、B、C、D 的正方形沿图中的虚线剪开后得 P、Q、M、N 的四组图形，试按照"哪个正方形剪开后得到哪组图形"的对应关系连线。

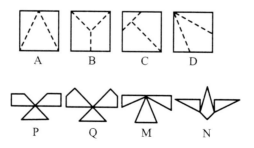

3. 请同学们以小组为单位，交流合作共同完成一篇关于趣味七巧板的小论文。

八、板书设计

七巧板	
七巧板背后的故事：	七巧板中的数学知识： （1）从图形出发： （2）从线段出发： （3）从角出发：

九、教学反思

数学教学活动必须建立在学生的认知发展水平和已有的知识经验基础之上，教师应激发学生的学习积极性，给学生提供从事数学活动的机会，帮助他们在自主探索和合作交流的过程中真正理解和掌握基本的数学知识与技能、数学思想和方法，获得广泛的数学活动经验。

本节课有以下几点需要改进：教师要充分研究教材，挖掘教材，把握学情，课堂的设计需要更加贴近学生，贴合教材；不论是日常教学研究，还是针对学生的日常教学工作，教师应当更加注重引导学生用建模的思想去发现问题、探究问题、设计解决方案、解决问题、得出结论；活动课的特点应以实践为主，学生只有亲身实践，才能获得技能和成就感。

【案例十五】 "制作一个尽可能大的无盖长方体形盒子" 教学设计

一、教材分析

"制作一个尽可能大的无盖长方体形盒子"是北师大版数学课本七年级上册综合与实践的一个课题，是一个关于数学应用的典型课题。这节课对于学生的要求主要是运用所学的图形的展开与折叠、字母表示数以及用代数式的值等数学方法来推断规律，以解决问题并深化对相关知识和方法的理解，同时体会各个概念之间的联系。本课程的学习目标是引导学生采用一种全新的学习方法，通过实验、分析、推测、交流、推理和反思等一系列过程来探索数量的变化关系和规律，以提升学生综合运用知识的能力，并培养他们的实践探索能力。在此过程中，学生学会从数学的角度发现问题、提出问题和解决问题，获得分析和解决问题的一些基本方法和经验，同时学会综合运用数学知识和现代教学工具图形计算器来解决实际问题，提高综合运用知识的能力并培养实践探索能力。

二、学情分析

学生的知识技能基础已经包括了第一章"图形的世界"中的学习成果。他们通过这章的学习，掌握了平面图形和立体图形之间的转换，并表现出对折纸等实际操作活动的浓厚兴趣。在推断代数式所反映的规律方面，学生的经验相对较少，但他们在处理数字信息方面具备较强的能力。同时，本节课是学生在初中阶段第三次进行综合与实践学习，之前他们已经掌握的数学知识如下：图形的侧面展开图、通过代数式进行列举和求值、通过观察统计图得出相关数据等。在本学期的数学学习过程中，学生已经在数学课堂上经历了综合实践课的探索性学习，具备了一定的数学探索和研究能力，也通过综合实践课经历了自主学习以及小组合作学习等不同的学习方式。

七年级的学生正处于青春期，自我发展的意识越来越强，对实际生活中的问题也越来越关注，因此本节课的学习可以在一定程度上培养学生动手操作的能力，使学生积极地用数学的思维去思考问题。

三、教情分析

本节课的教学内容是制作一个尽可能大的无盖长方体形盒子。根据学情分析，学生已经掌握了平面图形和立体图形之间的转换，并具备一定的探索和研究能力，在处理数字信息方面也具备较强的能力。因此，在教学设计中，教师可以采用问题导入的方式引起学生的兴趣和思考，激发他们积极用数学的思维去思考问题。例如，可以使用多媒体智慧课堂软件进行教学，展示相关的图形和实例，帮助学生理解问题的背景和要求。在教学过程中，教师需要提供一定数量的糖果和正方形纸片等教具，方便学生进行实际操作和探索。教师可以引导学生先进行一些简单的试验和探索，观察不同尺寸的纸片所能制作的长方体形盒子的容积，并让学生记录数据。本节课的教学难点在于学生如何通过对数据的统计处理和分析，发现盒子容积与纸片尺寸之间的关系，并推断制作一个容积尽可能大的盒子的方法。教师可以引导学生进行数据的整理和比较，帮助他们找出规律，并进行数学推理和思考；还可以提供一些辅助问题和提示，引导学生思考如何无限逼近容积最大值的可能性。在教学结束时，教师可以组织学生进行交流和讨论，分享学习过程中的发现和解决方法。同时，教师可以对学生的解决思路和方法进行总结和评价，帮助他们深化对数学知识和方法的理解。

四、教学目标

（1）借助相关信息能够推理出事物可能的情况，培养学生批判质疑的数学能力；懂得如何用正方形纸片去制作一个尽可能大的无盖长方体形盒子。

（2）通过经历"从实际生活中的问题抽象出数学学习问题，并且建立适当的数学模型，并综合所学的知识解决问题"的过程，学生将体验到建立模型和解决问题的方法，并综合应用已学知识解决问题，从中获得一些研究问题的方法和经验。

（3）在解决问题的过程中，发展学生的空间观念，增强学生学习数学的自信心，激发学生对学习数学的兴趣。

五、教学重难点

教学重点：懂得如何制作一个容积尽可能大的无盖长方体形盒子。

教学难点：通过对数据的统计处理，体会无限逼近的数学思想。

六、教学条件准备

多媒体：智慧课堂软件。

教具：糖果、剪刀、胶带、尺子、多于学生人数的边长为 20 cm 的正方形纸片、两张边长为 20 cm 且颜色不同的正方形纸片。

七、教学设计

（一）问题导入：生活遇谜团

问题 1：本节课为同学们准备了一张边长为 20 cm 的正方形卡纸和一些糖果，现在请同学们利用这张正方形卡纸做一个尽可能大的无盖长方体形的盒子来装糖果，要求糖果刚好与盒子齐平，不超过盒子，比一比谁装的糖果最多。请大家动手试试看。

【师生活动】教师以学习小组为单位让学生动手操作，同时引导学生进行裁剪和折纸，并填装和分发糖果。

【设计意图】通过活动培养学生的创新意识、合作交流的能力及几何直观的核心素养。

（二）教学探究：建立模型

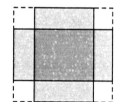

问题 2：在制作的过程中，思考并完成以下任务。

（1）画出无盖长方体展开后的图形；

（2）说说你是如何剪的；

（3）剪去的部分是什么形状？

预设答案：剪去的部分是正方形。

追问：剪去的小正方形的边长与折成的无盖长方体形盒子的高有什么关系？

请根据以上问题的思考，再动手剪一剪、折一折，做成一个无盖长方体形盒子，和其他小组同学制作的盒子进行比较，看看谁制成的长方体纸盒的体积较大。

【师生活动】对于有困难的学生，组内的同学可以互相交流合作或者教师可以进行适当提醒或点拨；对于任务完成效率较高的小组，教师及时给予评价。最后视频展示折叠过程。

【设计意图】培养学生的想象能力、动手操作能力和转化能力；通过问题串激发学生的学习兴趣，调动学生的积极性，为下一个环节的活动做好铺垫。

问题 3：如果设正方形纸片的边长为 a cm，所折无盖长方体形盒子的高

为 h cm，你能用 a 与 h 来表示这个无盖长方体形盒子的容积吗？

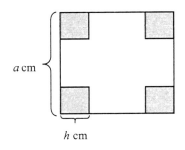

预设答案：

学生得出容积的表达式：$V = (a - 2h) \cdot (a - 2h) \cdot h = (a - 2h)^2 \cdot h$。

追问：那 h 有取值范围吗？

预设答案：

学生在教师引导下得出 h 的取值范围：$0 < h < \dfrac{a}{2}$。

【师生活动】教师引导学生独立思考容积的求解问题，并指定一位同学为大家讲解容积是如何求得的，过程中教师可以鼓励学生利用字母去描述表达式。

【设计意图】培养学生独立思考的能力，使学生体会实际问题转化为数学问题的过程，感悟数学应用的普遍性，培养模型观念的核心素养。

（三）数学体验：分割、无限逼近

问题 4：怎样才能使制成的无盖长方体形盒子的容积最大呢？对于一般的情况我们无从下手，下面将问题从一般转化为特殊，先探究我们手上这张边长为 20 cm 的正方形纸片制成的无盖长方体形盒子的容积什么时候尽可能大。这里我们一样设高为 h cm，你们能表达出它的容积吗？

预设答案：$V = (20 - 2h)^2 \cdot h \quad (0 < h < 10)$。

追问 1：怎么来研究这个问题呢？谁能提供一种思路？

预设答案：学生可能会想到将 h 取一些不同的值来比较大小。例如：h 取 1，2，3，…，如果在这一问题中没有学生想出特殊值法，教师可以进行适当引导。

追问 2：如果剪去的小正方形边长按整数值依次变化，如下表所示，折成的无盖长方体形盒子的容积分别是多少？请同学们计算填入下表，并制作成折线图。

h/cm	1	2	3	4	5	6	7	8	9
V/cm³									

追问 3：观察上表回答，当小正方形边长变化时，所得到的无盖长方体形盒子的容积是如何变化的？

预设答案：随着剪去的小正方形的边长由 1 cm 逐渐增大到 3 cm，所得无盖长方体形盒子的容积逐渐增大，而从 3 cm 逐渐增大到 9 cm 时，容积逐渐减小。

追问 4：当小正方形边长取什么值时，所得到的无盖长方体形盒子的容积最大？此时，无盖长方体形盒子的容积是多少？

预设答案：3 cm，588 cm³。

【师生活动】教师引导学生写出容积的表达式，然后取不同的数值，列出表格，进一步引导学生制作出统计图。

【设计意图】当边长为 a cm 时讨论其容积何时尽可能大的问题对学生来说难度稍大，但是这种问题可以先转化为特殊的问题来解决：当边长为 20 cm 时讨论其容积何时尽可能大。学生可能会想到将 h 取一些不同的值来比较大小，操作性较强，同时可以让学生体会数学中由一般到特殊的思想方法，培养学生运用统计图和统计表描述与分析问题的意识和习惯，知道根据所要研究的问题确定数据收集、整理和分析的方法，明晰思考的路径，从而培养学生的几何直观和数据观念等核心素养。

问题 5：折线统计图的特征是反映事物的变化趋势或变化情况。从上面的变化趋势上看，边长为 3 cm 时，体积是否为最大值？若不是，那么最大值应该在哪个范围内？

预设答案：剪去的小正方形边长的范围在 3 cm 附近或者 2 cm 到 4 cm。

追问 1：现在我们确定了当体积取得最大值时，剪去的小正方形边长的范围在 2 cm 到 4 cm，如果剪去的小正方形边长按 0.5 cm 的间隔取值，如下表，折成的无盖长方体形盒子的容积将如何变化？请在相应的统计图中表示这个变化情况（借助计算器，此处未列出）。

h/cm	2.0	2.5	3.0	3.5	4.0
V/cm³					

追问 2：同样的思路，根据上述统计图可知，当体积取得最大值时，剪去的小正方形边长的范围在 3.0 cm 到 3.5 cm，如果剪去的小正方形边长按 0.1 cm 的间隔取值，如下表所示，折成的无盖长方体形盒子的容积将如何变化？请再次在相应的统计图中表示这个变化情况（借助计算器，此处未列出）。

h/cm	3.0	3.1	3.2	3.3	3.4	3.5
V/cm³						

追问 3：根据上面的三组统计表和对应的统计图，当小正方形的边长取什么值时，所得到的无盖长方体形盒子的容积最大？此时，无盖长方体形盒子的容积是多少？

预设答案：3.3 cm，592.5 cm³。

【师生活动】教师要求学生通过填写统计表和借助计算器计算并制作出统计图来分析其变化趋势，并得到相关信息。同时，教师不断引导学生找出当体积取得最大值时，剪去的小正方形边长的取值范围。

【设计意图】借助统计表和统计图，学生可以更加直观地感受数据的变化，学会将取值范围分割、无限逼近的思想方法。学生在探究过程中根据容积计算公式进行正确的运算，明晰运算的对象和意义，教师同时引导学生利用图表描述和分析问题，探索解决问题的思路。在引导学生根据间隔 1 cm 到 0.5 cm 再到 0.1 cm 来研究问题的过程中，学生感悟到数学的严谨性，初步形成良好的学习习惯，知道可以利用定量的方法描述变化趋势，从而作出判断。

（四）数学体验：学以致用

问题 6：根据前面的探究过程及方法，现在取出一张边长为 15 cm 的正方形卡纸，小组分工合作，填写下列表格并制作出你认为容积最大的无盖长方体形盒子来装糖果。

间隔 1 cm 的统计表：

剪去小正方形的边长／cm						
容积／cm³						

间隔 0.5 cm 的统计表：

剪去小正方形的边长／cm						
容积／cm³						

间隔 0.1 cm 的统计表：

剪去小正方形的边长／cm						
容积／cm³						

【师生活动】教师引导学生动手操作，选择合适的边长范围，确定取值间隔：从 1 cm 到 0.5 cm 再到 0.1 cm，定出容积最大时的小正方形边长，在最大值左右确定取值范围，借助计算器分析和整理数据。

【设计意图】前呼后应，让学生感受数学解决实际问题的神奇之处，通过再一次实践来加深学生对数学知识的理解和应用。让学生有意识地利用数学的原理和方式解释现实问题，用学过的知识和方法解决简单的实际问题，培养学生应用意识、运算能力、数据观念等核心素养。

（五）课堂小结：总体感知数学

问题 7：你在今天的学习过程中学到了什么知识和思想方法呢？

预设答案：

（1）数学知识：展开与折叠、字母表示数、列代数式、统计图和统计表的制作与分析等；

（2）思想方法：数学建模思想、从一般到特殊再到一般、无限逼近等。

【师生活动】教师可以一步步引导学生说出本节课涉及的数学知识、数学思想方法，并且适当提醒。

【设计意图】回顾这节课所学的内容，加深学生对于这堂课整体上的理解，并强化相关的数学思想方法。

（六）布置作业

（1）以小组为单位，撰写一份关于本次课堂实验的数学实验报告。

（2）你还有其他方法把一张正方形的纸制成一个无盖的长方体形盒子吗？哪种方法制成的无盖长方体形盒子的容积更大？（开放性题目）

八、板书设计

制作一个尽可能大的无盖长方体形盒子		
绘制方法及总结	表格	布置作业

九、教学反思

通过本节课，学生能够在实践中掌握展开与折叠的基本原理、字母表示数的方法、列代数式求解问题和统计图、统计表的制作与分析方法，同时能够在制作无盖长方体形盒子的过程中运用所学的知识和技能。在教学过程中，学生之间的小组讨论和互动非常重要，可以激发学生的思维，帮助他们更好地理解知识点，并找出解决问题的方法。同时，在课后的学习评价中，教师还应该对学生的表现进行及时评估和反馈，以帮助学生更好地理解和掌握所学的知识。

【案例十六】 "平面图形的镶嵌"教学设计

一、教材分析

"平面图形的镶嵌"是北师大版数学课本八年级下册的综合与实践内容，新课标中已经将综合实践活动作为数学学习的一个重要组成部分。综合与实践是一种研究型的学习方式，具有开放性、自主性、探究性等特征。本节课通过探究多边形镶嵌的条件，了解简单曲边形的镶嵌问题，渗透从特殊到一般的研究方法，发展学生的推理能力和模型意识，积累研究数学问题的基本活动经验。镶嵌问题在美学、建筑学等学科中都有广泛的应用，对镶嵌问题的研究有利于提升学生发现问题、提出问题、分析问题、解决问题的能力，同时能让学生体会到数学与其他学科的融合。本节课共设置"欣赏美""探究美""创造美""收获美""思考美"五个环节。首先，教师让学生展示课前收集的有关镶嵌的图形，让学生感受镶嵌在生活和多个学科中有着广泛的应用，然后引出镶嵌的概念，并提出问题"所有的平面图形都能镶嵌吗？"，启发学生进行思考并开展探究。在探究的过程中，学生将经历动手操作、观察发现、合理猜想、推理验证等过程，发现镶嵌问题的本质。基于以上分析，本节课的教学重点是探究一种或两种图形镶嵌平面的条件。

二、学情分析

学生已经学习了平移、旋转、轴对称、多边形的内角和和正多边形的概念等相关知识，为本节课的学习奠定了基础。通过平面图形镶嵌的学习，学生可以进一步丰富对图形的认识和感受。但是，八年级学生对镶嵌的认识大多来源于生活中的感性认识，对其内在规律往往关注不够，因此本节课需要综合运用前面所学习的"三角形""生活中的轴对称""图形的平移和旋转""四边形"及"多边形内角和与外角和"等知识。本节课是对学生所学平面图形有关知识的一次综合应用，而学生对上述知识点掌握得比较好，为解决本问题提供了坚实的基础。另外，在解决问题的过程中，学生需要进行一定的分解、组合、拼接、图案设计等操作活动，这就要求学生具有较强的实践能力。

三、教情分析

本节课是在学生学习了"四边形、特殊四边形的基本性质"和"多边形内角和、外角和定理"等知识的基础上，进一步解决生活中的实际问题。但学生对这些知识的应用还较少，将实际问题转化成具体的数学问题的能力还较弱。教师应设置合理的问题，让学生能通过观察分析、操作、交流、研讨等活动来发现平面图形镶嵌的条件，在发现用正三角形、正四边形、正六边形镶嵌的基础上，上升到任意三角形、四边形可以镶嵌平面，并进一步探究两种正多边形的镶嵌。

四、教学目标

（1）探究只用一种多边形镶嵌平面的条件，发展学生的几何直观和抽象能力。

（2）探索两种图形的镶嵌问题，进一步体会某些平面图形的性质及其位置关系；能类比只用一种多边形镶嵌平面的探究方法探索两种图形的镶嵌问题。

（3）在经历项目式学习的过程中，渗透从特殊到一般的研究方法，发展学生的推理能力和模型意识；学生能够通过小组合作等方式探索新问题，并对探索点的过程进行表达，能将问题抽象出具体的数学问题进行研究。

五、教学重难点

教学重点：能够运用三角形、四边形和正六边形进行简单的平面镶嵌。

教学难点：理解多边形镶嵌的条件。

六、教学条件准备

利用纸片让学生自主拼图探索，用软白板及希沃软件中的投影功能，及时呈现教学内容和学生的探究结果，发展学生的推理能力和模型意识。

七、教学设计

（一）欣赏美

（1）学生上台展示生活中镶嵌的现象及图案。

（2）镶嵌的定义：用形状、大小完全相同的一种或几种平面图形进行拼接，彼此之间不留空隙、不重叠地铺成一片，这就是平面图形的镶嵌，又称平面图形的密铺。

（3）所有的平面图形都能镶嵌吗？

【师生活动】教师课前布置学生收集镶嵌的现象或图案的作业，课上让学生进行成果展示，最后教师给出镶嵌的定义，并引出本节课要研究的问题。

【设计意图】通过学生展示的成果丰富学生的直观感知后介绍镶嵌的概念，将感性认识上升至理性认识，引导学生在真实情境中发现问题和提出问题，并启发学生思考，为下一环节的教学做好铺垫。

（二）探究美

1.探究一：只用一种正多边形镶嵌

（1）正三角形。

①只用正三角形能镶嵌平面吗？请利用正三角形纸片拼一拼。

②请画出你是如何拼的。

③所需要的正三角形的个数有什么要求吗？

（2）正四边形。

①只用正四边形能镶嵌平面吗？请利用正四边形纸片拼一拼。

②请画出你是如何拼的。

③所需要的正四边形的个数有什么要求吗？

（3）还有别的正多边形能镶嵌平面吗？请利用多边形纸片拼一拼、想一想。

（4）探索发现。

如果只用一种正多边形镶嵌平面，这样的正多边形可以是_____。

【师生活动】学生自主动手操作，在教师问题串的引导下利用正多边形纸片拼图，并对拼图的结果进行观察、思考。教师鼓励学生通过自主探究或小组合作等方式，利用拼、画、想等多种方式发现能镶嵌平面的正多边形，并根据探究的结果在班上进行方法和结果的分享交流。

【设计意图】培养学生独立思考、动手实践、自主探究、合作交流的能力，鼓励探究方法的多元化和多样性。

2.探究二：只用一种一般多边形镶嵌

（1）小组探究：有哪些一般的多边形可以镶嵌平面？

（2）小组代表交流：

①小组是如何进行探究的？

②说说小组的发现。

③探究中遇到了什么困难？

④有什么解决的办法吗？

（3）如果只用一种一般多边形镶嵌平面，这样的多边形可以是＿＿＿＿＿＿

＿＿＿＿＿＿＿＿＿＿＿＿。

【师生活动】给学生足够的时间和空间进行探究活动，在探究过程中，教师对于探究活动进展比较不顺畅的小组给予适当的引导和帮助。在小组代表交流环节，教师鼓励学生大胆表达，并对学生的发言进行及时评价。

【设计意图】渗透从特殊到一般的研究方式，获得数学的基本活动经验。

（4）想一想：满足什么条件的多边形才能镶嵌平面呢？

【师生活动】教师引导学生借助拼图及所画的图形发现其中的规律，并鼓励学生用自己的语言表达自己所发现的规律。最后师生合作，共同得到结论：镶嵌的关键是能够拼出360°角，即在同一顶点处，各个角的和为360°。

【设计意图】引导学生将所研究的问题转化成具体的数学问题，利用所学的知识分析和解决问题。

3.探究三：用两种正多边形镶嵌

（1）正三角形和正四边形。

①你能用正三角形和正四边形镶嵌平面吗？

②你有几种镶嵌的方案？

③两种正多边形的个数分别有什么要求？

④你能用别的方法研究以上问题吗？

【师生活动】学生自主探究。教师启发学生分别从"形""数"两个方面研究问题。在"形"上，引导学生类比前面的探究方法解决教师提出的问题；在"数"上，引导学生用方程的思想解决问题。

【设计意图】发展学生的问题转化能力，同时培养学生的发散思维。

（2）正三角形和正六边形。

思考：用正三角形和正六边形能镶嵌平面吗？若能，请画出镶嵌的方案；若不能，请说明理由。

【师生活动】学生自主完成后，教师投影镶嵌方案，并让学生对镶嵌方案进行说明。

【设计意图】巩固两种正多边镶嵌问题。

（3）小组 PK。

用其他两种正多边形能镶嵌平面吗？试一试，并将你的镶嵌方案画出来。

【师生活动】学生进行小组合作，利用正多边形纸片或推理，自主判断哪两个正多边形能镶嵌平面，并将设计方案画出来后进行合作成果展示。教师在学生展示完后，给学生呈现不同的正多边形镶嵌的优美图案，让学生感受美。

【设计意图】让学生感受到利用正方形纸片研究镶嵌问题的局限性，引导学生熟练用方程解决镶嵌问题，明确两个正多边形的镶嵌问题实质是二元一次方程的整数解问题。

（三）创造美

（1）用若干个下图中的两种图形，能镶嵌整个平面吗？请你试一试，并画图镶嵌图案。

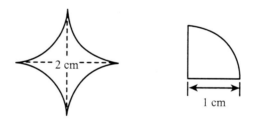

（2）用下图中的两种图形分别能镶嵌平面吗？将它们与平行四边形的镶嵌图案比较，两者之间分别有什么关系？

【师生活动】鼓励学生观察、思考并积极尝试。对于有困难的小组，教师应给予适当的帮助和引导。

【设计意图】在前面探索的基础上，让学生尝试借助各种变换设计出镶嵌图案，渗透从特殊到一般的思想，发展学生的应用能力和创新意识。

（四）收获美

说说你对图形镶嵌问题的认识。

【师生活动】学生畅所欲言，教师引导学生对本节课探索中发现的规律和结论进行总结。

【设计意图】让学生对镶嵌问题有较全面的认识，总结反思研究数学问题的方法和策略。

（五）思考美

1. 某中学新科技馆铺设地面，已有正三角形形状的地砖，现打算购买另一边长相同、形状不同的正多边形地砖，与正三角形地砖作平面镶嵌，则该学校不应该购买的地砖是（　　　）。

A. 正方形　　　B. 正六边形　　　C. 正八边形　　　D. 正十二边形

2. 某中学阅览室在装修过程中，准备用边长相等的正方形和正三角形两种地砖铺满地面，在每个顶点的周围，正方形、正三角形地砖的块数可以分别是（　　　）。

A. 2，2　　　B. 2，3　　　C. 1，2　　　D. 2，1

3. 设计一个自己喜欢的镶嵌图案，与同学分享你的设计过程和作品。

八、板书设计

平面图形的镶嵌	
1.定义 （1）用形状、大小相同的一种或几种图形密铺； （2）彼此之间不留空隙、不重叠地铺成一片	2.镶嵌的条件 （1）每个拼接点处的内角和为360°； （2）将相等的边拼接在一起

九、教学反思

本节课围绕"欣赏美""探究美""创造美""收获美""思考美"五个环节展开，让学生感知数学和我们的生活是息息相关的，数学就在我们身边，数学可以给我们带来美。设计时遵循学生的认知规律，先研究特殊的图形，再研究一般的图形；先研究单一的简单图形，再研究组合的复杂的图形；先研究规则的图形，再研究不规则的图形。在这个过程中，让学生体会并经历"从特殊到一般""从简单到复杂""从规则到不规则"等数学学习的一般方法，同时渗透方程思想和数形结合思想，并贯穿本节课的始终。

另外，本节课重视信息技术的应用，信息技术助推课堂教学已成为大家的共识，信息技术应用能力不仅是教师会用，在平时的教学中也要注重对学生的培养。教学中充分利用信息环境、数字化资源能激发学生的学习兴趣，给予学生充分的时间与空间，使他们有更多的机会，从周围熟悉的事物中学习和理解数学，感受数学与现实生活的密切联系，提高学生运用数学知识解决实际问题的能力，从而提高学生的综合素质。

本节课借用白板及希沃软件中的投影功能，及时呈现教学内容和学生的探究结果，发展学生的推理能力和模型意识，培养了学生的信息化能力。有了白板，学生操作起来方便快捷，加快了教学节奏，能让更多的学生展示作品，最重要的是课堂上能生成很多美丽的图案，使师生之间、生生之间的互动学习更高效。

数学学习不是一个被动的吸收过程，而是一个以已有知识和经验为基础的主动建构过程。因此，学数学就是做数学，只有在做数学的过程中才有可能学会、学懂数学。学生的学习也只有通过自身的操作活动和再创造性的"做"，在"做中学"，才是最有效的。所以，本课以小组合作的形式，以探索活动为主线，在探索过程中发挥学生的主体性，在活动的选择与确定、探索与实践活动的展开等过程中加强学生的自主性，从而真正让学生经历自主地研究问题和解决问题的过程。

当然，通过实际的授课，本课还存在很多需要重新思考和改进的地方：时间分配上存在前松后紧的情况；在探究环节，也可以借助几何画板软件进行进一步的尝试和探究，但由于时间关系没有进行。

第四节　单元复习课教学设计案例

【案例十七】"轴对称"单元复习教学设计

一、教材分析

本单元复习轴对称相关知识。通过折纸等实践活动，培养学生的动手能力，使其探究轴对称的相关性质。学生能够联系生活中的实际事例进一步感知物体的旋转变换，以及体会轴对称现象，积累一些有关物体或图形的运动变化的直观体验。

二、学情分析

学生在学完"轴对称"单元后能够认识轴对称图形的特点，掌握轴对称图形的概念，能正确判定生活中的轴对称图形，能正确找出并画出图形的对称轴。

三、教情分析

本单元要求学生认识轴对称及轴对称图形，利用现有的抽象思维能力，提升用数学语言与数学符号表达的能力，通过本次教学活动得到进一步的发展和提升，同时提升发现和提出问题的能力、分析和解决问题的能力。在单元复习时，教师要着重巩固轴对称的相关知识点，着重复习等腰三角形三线合一的性质，使学生学会用三线合一的性质解决实际问题。

四、教学目标

（1）搭建本章的知识结构框架，使所学知识整体化、系统化。

（2）进一步掌握简单的轴对称图形的性质，掌握等腰三角形的性质和判定。

（3）经过课堂巩固练习，学生可以根据本章所学的知识和技能来解决有关问题。课后，学生能够对与轴对称相关的知识有更深入理解，发展解决几何问题的能力。

五、教学重难点

教学重点：理解轴对称的定义、轴对称的变换规律、等腰三角形三线合一的性质。

教学难点：轴对称性质的运用、三线合一性质的运用。

六、教学条件准备

利用希沃软件中的投影功能，呈现学生的作业成果，在师生共同探讨中发现规律，归纳概括旧知识。

七、教学设计

（一）知识回顾

通过学生展示的思维导图，梳理本章节的重要概念。

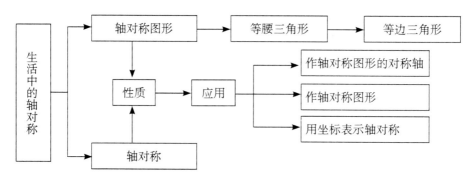

【**师生活动**】展示学生课前整理的知识点导图，并对概念中需要加强理解

的部分进行适当的分析与讲解。在复习的过程中，尽量让学生将基本定理描述出来，重要的定理则需要教师通过提前准备的课件进行展示。整个学习过程中，教师引导学生对知识进行整理和归纳。

【设计意图】让学生了解自己对本章知识的掌握程度，根据自己的掌握情况确定学习目标。在整理和归纳知识的过程中，进一步培养学生的几何直观的核心素养以及推理能力。

（二）观察与思考

问题 1：下列图形是轴对称图形吗？如果是，请画出它的对称轴。

【师生活动】在投影仪上展示学生所画的对称轴后，教师继续追问为什么这几个图形是轴对称图形。

【设计意图】巩固概念，发展学生的几何直观。

问题 2：下面给出的每幅图中的两个图案是成轴对称的吗？如果是，试着找出它们的对称轴。

【师生活动】学生回答后，教师给予评价。

【设计意图】强化学生如何判断两个图案是否成轴对称的知识，并使学生找出它们的对称轴。

问题 3：两个图形成轴对称与轴对称图形的区别和联系是什么？

【师生活动】学生独立思考后进行交流，教师让学生分享自己的想法，然后及时评价和补充。

【设计意图】问题 1、问题 2 分别是具体的轴对称图形和两个图形是否成轴对称的判别，在回答并追问说理后，问题 3 顺着前面具体问题的解决，让学生归纳总结轴对称图形和两个图形成轴对称的联系和区别，渗透从特殊到一般的思想方法。

问题 4：足球场平面示意图如右图所示，它是轴对称图形，其对称轴条数为（　　）条。

A. 1　　　　　　 B. 2　　　　　　 C. 3　　　　　　 D. 4

【师生活动】引导学生仔细观察图形的结构特征，动手操作画出所有对称轴。

【设计意图】让学生明确在面对较复杂的图形时，应从轴对称的概念这一本质问题进行思考解答。

问题 5：如右图所示，△ABC 的周长为 19 cm，AC 的垂直平分线 DE 交 BC 于点 D，E 为垂足，AE=3 cm，则△ABD 的周长为 _____cm。

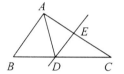

【师生活动】 鼓励学生通过标图逐一分析条件，然后尝试把要求的△ABD 的三边向已知条件的边进行转化。

【设计意图】题目难度不大，能增强学生解决问题的信心，培养学生模型思想、转化思想。

问题 6：（1）如下图所示，在直线 m 上找一点 P，使 PA ＋ PB 最小。

●A

————————————————————————— m

●B

（2）如下图所示，在直线 m 上找一点 P，使 PA ＋ PB 最小。

●A

●B

————————————————————————— m

【师生活动】（1）学生自主思考，教师追问理由。（2）教师启发学生对两个问题进行比较，引导学生进行问题转化，师生一起总结最短路径问题的解决策略及解题依据。本环节可根据学情，再安排相关变式。

【设计意图】让学生逐渐把握"最短路径问题"的核心，进而提高学生对此类型题的掌握程度。此外，让学生养成在解决问题的过程中独立思考、将不熟悉的问题转化为熟悉的问题去解决的习惯，发展学生的模型思想。

问题 7：等腰三角形的"三线合一"指的是什么？

在 $\triangle ABC$ 中，① $AB=AC$；② AD 是 BC 边上的中线；③ AD 是 BC 边上的高线；④ AD 是 $\angle BAC$ 的平分线。请画出图形，并在以上四个条件中选择几个作为条件，剩余的作为结论，然后判断这一命题的真假。

【师生活动】学生尝试罗列出部分命题后，让部分学生上台分享，通过命题的证明回顾"三线合一"的证明过程，并引导学生归纳总结证明方法。

【设计意图】这是一道半开放性问题，学生有比较大的探究空间，因此本题可以很好地考查学生的探究能力。通过此题，学生不仅能从多个角度体会这一基本图形的价值，而且能够强化对相关知识的理解与整合，提高解决问题的能力；在交流和谈论环节，学生能对自己的学习过程、知识的掌握情况和解决问题的能力有一个合理性的评价，既能获取成功的体验，又能发现自己的不足，从而建立学习的自信心，明确学习目标。

（三）课堂演练

1. 下列图形中，对称轴条数最多的是（　　　）。

A. 等边三角形　　　B. 等腰梯形　　　C. 长方形　　　　D. 正方形

2. 下列交通标志中，不是轴对称图形的是（　　　）。

A.　　　　　　　　B.　　　　　　　　C.　　　　　　　　D.

3. 已知点 $M(a+b,\ -3)$ 与点 $N(2,\ a)$，

若点 M、N 关于 x 轴对称，则 $a=$＿＿＿＿＿＿，$b=$＿＿＿＿＿＿。

若点 M、N 关于 y 轴对称，则 $a=$＿＿＿＿＿＿，$b=$＿＿＿＿＿＿。

若点 M、N 关于原点对称，则 $a=$＿＿＿＿＿＿，$b=$＿＿＿＿＿＿。

4. 如下图所示，由若干个小正方形组成的 L 形图中，请你用三种方法分

别添画一个小正方形，使它成为一个轴对称图形。

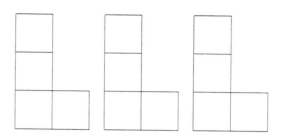

（四）课堂小结

本节课解决了什么问题？加深了对哪些问题的理解？学会运用什么方法解决问题？

【师生活动】学生自由发言，教师及时引导补充。

【设计意图】让学生畅所欲言，既强化了所学知识，又获取了成功的体验，学生建立了学习的自信心，从中发现了自己的不足，从而明确了下阶段的学习目标。

八、板书设计

轴对称			
复习	问题 1 问题 2 问题 3 问题 4 问题 5 问题 6	问题 7	小结

九、教学反思

单元复习课是教师帮助学生梳理所学知识、引导学生进行知识重组，从而形成完整的知识网络的有效途径，也是应试的一种需求。所以，教师在设计单元复习课的时候，应该本着帮助学生解决困难的目标，而不是试题"满天飞"增加学生的负担。

本节课从思维导图到题组训练，再到总结精练，环环相扣。这种设计的目的在于不同层次的学生都可以学，所有学生都能参与课堂活动，各个层次的学生都有机会表现自己，对课堂的关注度较高，学生的潜在能力可以得到充分自由的发展。

因此，在单元复习课的设计中，教师应做到始终坚持以学生为主体，这样教学活动才能切实有效地开展。

【案例十八】"二元一次方程组"单元复习课教学设计

一、教材分析

"二元一次方程组"是北京师范大学出版社《义务教育教科书·数学》八年级上册第五章的内容。本章是在七年级上册"一元一次方程"的基础上，进一步讨论二元一次方程（组）的有关概念、解法和应用等，并在二元一次方程组的基础上，学习三元一次方程组及解法。本章是一元一次方程知识的延伸和拓展，也是今后学习一般线性方程组及函数的基础，具有承上启下的作用。

本节课为"二元一次方程组复习"的第一课时，主要内容包括回顾二元一次方程（组）和二元一次方程（组）的解的相关概念，熟练掌握运用"消元"的思想解决二元一次方程组。本节课重点培养学生的运算能力、推理能力等核心素养。

基于以上分析，确定本节课的教学重点：二元一次方程组的解法；列二元一次方程组解决实际问题。

二、学情分析

学生已经学习了二元一次方程（组）及其相关概念，并掌握了代入消元法和加减消元法来解决二元一次方程组以及三元一次方程组的方法。他们已经具备了基本的技能，能够运用二元一次方程组解决实际问题。在之前的学习过程中，学生通过运用方程（组）模型解决实际问题，深刻体会到了方程（组）模型的重要性，并通过数学活动积累了解决实际问题的经验。此外，他们在之前的数学学习中已经进行了多次合作学习，因此对于复习旧知识已经有了一定的经验。

基于以上分析，确定本节课的教学难点：用数学思想方法灵活解决有关的问题。

三、教情分析

本节课采取"问题驱动启发式"教学方法，开展探究学习、合作学习，充分引导学生利用原有的知识观察、分析、验证，从而获得解题的思路与答案，给学生提供思考、表现、创造的机会，培养学生自我探究和实践能力，提高他们的解决实际问题的能力和合作精神。

本节课首先用例题来复习二元一次方程（组）和二元一次方程（组）的解的相关概念，并根据定义和例题迁移出相关题型，使学生进一步理解二元一次方程（组）和二元一次方程（组）的解。然后，用例题来复习用代入消元法、加减消元法来解二元一次方程组的一般步骤并通过适当练习来强化。最后，综合运用所学知识来解决问题，让学生在解方程组的过程中体会到消元、化归思想在解方程组中具有指导作用。通过问题的引导和学生之间的交流，引导学生进一步提炼和构建知识体系。

四、教学目标

（1）建构本章知识网络，使所学知识系统化、网络化；熟练掌握运用"消元"的思想解决二元一次方程组；形成合适的运算思路解决数学问题，进一步发展运算能力。

（2）经历现实问题的探讨、练习等的讨论与解决，进一步加强学生的问题解决能力，深入体会知识的层层递进；引导学生从数学的角度在不同情境中发现和提出问题，培养模型观念和数据观念；在与他人合作交流解决问题的过程中，学生能够准确、严谨地表达自己的观点，并理解他人的思考方法和结论；学生能够回顾问题解决过程，反思解题方法和结论的合理性。

（3）通过自主发言、讨论交流、问题解决等过程，激发学生学习兴趣，培养合作精神；在解决数学问题的过程中，学生能够克服困难，建立对数学的自信心，深刻感受数学在实际生活中的应用，并体会到数学的价值，积极尝试创造数学的美；在学习过程中，学生将养成认真勤奋、独立思考、合作交流以及反思和质疑的良好学习习惯。

五、教学重难点

教学重点：二元一次方程组的解法；列二元一次方程组解决实际问题。

教学难点：用数学思想方法灵活解决有关的问题。

六、教学条件准备

用软白板及希沃软件中的投影功能，及时呈现教学内容和与学生的互动结果。

七、教学设计

（一）二元一次方程的定义

二元一次方程的定义：含有两个未知数，并且所含未知数的项的次数都是 1 的方程叫作二元一次方程。

注意：

二元一次方程必须满足以下四个条件：

①二元；②一次；③整式；④未知数系数不为 0。

例题 1：以下方程中，是二元一次方程的是（　　　）。

A. $7x - y = 2z$　　B. $xy = 1$　　　C. $3x + 2y = 0$　　　　D. $y = \dfrac{1}{x}$

【师生活动】引导学生回顾二元一次方程的定义。借助例题，教师引导学生对每一个选项进行分析，并一起回顾二元一次方程的定义和注意事项。

【设计意图】通过例题让学生回顾二元一次方程的定义，为下一个例题做好知识准备。

例题 2：已知方程 $x^{m+2} + y^{n-2m} = 9$ 是关于 x，y 的二元一次方程，求 m，n。

【迁移应用 1】若方程 $(a+3)x + 3y^{|a|-2} = 1$ 是关于 x，y 的二元一次方程，则 $a=$_____。

【迁移应用 2】已知方程 $(m-3)x^{|m|-1} + (n+2)y^{m^2-8} = 0$ 是关于 x，y 的二元一

次方程，求 $m + n$ 的值。

【师生活动】学生自主完成迁移应用 1 和迁移应用 2，选派代表上台讲解，其他学生纠错，教师提醒学生解答这种题型时需注意的事项。

【设计意图】加深学生对二元一次方程的定义的理解，培养学生发现问题并解决问题的能力，发展学生的运算能力以及推理能力。

（二）二元一次方程的解

定义：适合二元一次方程的一组未知数的值，叫作这个二元一次方程的一个解。

注意：①解是一对值而不是一个值；②二元一次方程有无数个解。

变式 1：下列各组数：① $\begin{cases} x = -1 \\ y = 2 \end{cases}$；② $\begin{cases} x = 2 \\ y = 2 \end{cases}$；③ $\begin{cases} x = 2 \\ y = -2 \end{cases}$；④ $\begin{cases} x = 1 \\ y = 6 \end{cases}$ 中，是方程 $4x + y = 10$ 的解的有_____。

变式 2：写出一个二元一次方程，使它的解是 $\begin{cases} x = -1 \\ y = 2 \end{cases}$，这个方程是_____。

变式 3：

（1）二元一次方程 $x + 3y = 9$ 的所有正整数解为_____；_____。

（2）二元一次方程 $3x + y = 9$ 的所有非负整数解为_____；_____。

变式 4：已知 $x=2$，$y=1$ 是方程 $kx-y = 3$ 的解，则 $k=$_____。

【师生活动】引导学生回顾二元一次方程的解。师生共同完成变式 1，然后学生独自思考，自主完成变式 2 和变式 3（第一问），教师提问学生回答，最后学生完成变式 3（第二问）和变式 4。

【设计意图】通过例题让学生回顾二元一次方程的解的定义，通过变式加深学生对二元一次方程的解的理解，特别是在有限定条件下二元一次方程的解的情况。

（三）二元一次方程组的定义

定义：共含有 2 个未知数的两个一次方程所组成的一组方程，叫作二元一次方程组。

注意：二元一次方程组必须满足以下三个条件。

①_____；②_____；③_____。

二元一次方程组的解：一般地，二元一次方程组的两个方程的公共解，叫作二元一次方程组的解。

变式 5：已知 $\begin{cases} x=1 \\ y=-2 \end{cases}$ 是关于 x，y 的二元一次方程组 $\begin{cases} ax-2y=3 \\ x-by=4 \end{cases}$ 的解，求 a，b 的值。

变式 6：已知 $\begin{cases} x=1 \\ y=-2 \end{cases}$ 满足 $(ax-2y-3)^2+|x-by+4|=0$，求 $a+b$ 的值。

变式 7：若 $\begin{cases} x=2 \\ y=1 \end{cases}$ 是关于 x，y 的方程组 $\begin{cases} ax+by=2 \\ bx+ay=7 \end{cases}$ 的解，则 $a+b=$_____。

变式 8：若 $\begin{cases} x=a \\ y=b \end{cases}$ 是关于 x，y 的方程组 $\begin{cases} x+y=3 \\ 3x-y=5 \end{cases}$ 的解，则 $a-b=$_____。

【师生活动】教师引导学生回顾二元一次方程组的定义后，学生独自完成变式 1 和变式 2，教师提问学生回答。最后，学生小组共同完成变式 3 和变式 4，教师对学生回答进行评价。

【设计意图】利用问题让学生展开交流，使其从中发现问题的共性，对解决问题的策略把握得更灵活，培养学生之间的合作意识。

（四）解方程组（化二元为一元）

（1）$\begin{cases} 3x-y=7 \\ 5x+2y=8 \end{cases}$（代入法）

（2）$\begin{cases} 3x-y=7 \\ 5x+2y=8 \end{cases}$（加减法）

（3）$\begin{cases} y=2x+1 \\ 3x-2y=3 \end{cases}$

（4）$\begin{cases} x-y=1 \\ x+3y=9 \end{cases}$

【师生活动】学生按要求独自完成练习题，教师拍照投影学生的书写，让学生发现问题并说出错误的原因，最后进行纠正，由教师进一步规范解答过程。

【设计意图】通过练习及纠正方法让学生回顾利用"消元"法解二元一次方程组的步骤，引导学生进一步提炼、构建知识体系。

（五）提高训练

（1）已知关于 x，y 的二元一次方程组 $\begin{cases} 3x + 2y = 17k \\ x - y = 9k \end{cases}$ 的解也是二元一次方程 $2x + 3y = 6$ 的解，求 k 的值。

（2）已知关于 x，y 的方程组 $\begin{cases} ax - 2by = 2 \\ 2x - y = 7 \end{cases}$ 与 $\begin{cases} -3x + y = -11 \\ 3ax - 5by = 9 \end{cases}$ 有相同的解，求 a^b 的值。

【师生活动】教师引导学生四人为一组进行小组讨论，共同完成习题。教师巡视指导，学生动笔作答。一段时间后，教师提问小组代表回答问题，并对回答进行评价。

【设计意图】让学生经历发现、提出、分析、解决问题的过程，体会从特殊到一般的研究方式，积累研究数学问题的方法和经验，发展学生的自主学习、合作交流、语言表达能力及用数学的知识解决实际问题的能力，初步渗透代数推理的意识。

（六）布置作业

1.已知下列方程：① $x + \dfrac{1}{y} = 3$；② $y = 3x$；③ $\dfrac{1}{2}x + \dfrac{1}{4}y = \dfrac{1}{6}$；④ $3x - xy = 1$；⑤ $x - 2y^2 = 2$；⑥ $\sqrt{2x + y}$。其中是二元一次方程的有（　　　）。

A. 1 个　　　　　　B. 2 个　　　　　　C. 3 个　　　　　　D. 4 个

2.下列方程组中，属于二元一次方程组的是（　　　）。

A. $\begin{cases} x + y = 5 \\ y = 2 \end{cases}$　　B. $\begin{cases} x + y = 2 \\ y - z = 8 \end{cases}$　　C. $\begin{cases} xy = 4 \\ y = 1 \end{cases}$　　D. $\begin{cases} x^2 - 1 = 0 \\ x + y = 3 \end{cases}$

3.关于 x，y 的二元一次方程 $2x + y = 11$ 的非负整数解有（　　　）。

A. 2 个　　　　　B. 4 个　　　　　C. 6 个　　　　　D. 无数个

4. 已知（$a-2$）$x^{|a|-1}+3y=1$ 是关于 x、y 的二元一次方程，则 $a=$ _____。

5. 对于二元一次方程 $x-2y=7$，用含 x 的代数式表示 y 为：_____；用含 y 的代数式表示 x 为：_____。

6. 已知 $\begin{cases} x=2 \\ y=1 \end{cases}$ 是关于 x，y 的二元一次方程组 $\begin{cases} ax+by=7 \\ ax-by=1 \end{cases}$ 的解，则 $a-b$ 的值为_____。

7. 若 $\begin{cases} x=a \\ y=b \end{cases}$ 是方程组 $\begin{cases} 2x+y=3 \\ 3x-2y=7 \end{cases}$ 的解，则 $5a-b$ 的值为_____。

8. 若关于 x，y 的方程组 $\begin{cases} a_1x+b_1y=c_1 \\ a_2x+b_2y=c_2 \end{cases}$ 的解是 $\begin{cases} x=4 \\ y=1 \end{cases}$，则关于 x，y 的方程组 $\begin{cases} a_1(x-1)+b_1(-y)=c_1 \\ a_2(x-1)+b_2(-y)=c_2 \end{cases}$ 的解是_____。

9. 解二元一次方程组：

① $\begin{cases} y=2x \\ 3x+y=15 \end{cases}$；　　　② $\begin{cases} x+y=1 \\ 3x-y=3 \end{cases}$；　　　③ $\begin{cases} 2x+3y=3 \\ 3x-2y=11 \end{cases}$。

【设计意图】课堂上进行的练习设计大部分应是面向全体的基础训练，布置课后作业，查缺补漏，让学生在进行计算训练的同时，养成良好的学习习惯。

八、板书设计

二元一次方程组复习		
1. 温故知新 （1）二元一次方程（组）的定义 （2）二元一次方程（组）的解	2. 练习	3. 归纳总结 4. 思考

九、教学反思

（一）回归教材

教材在章末小结时常常会给出一个知识框架图和一些复习要点，然后就是一组复习题，部分教师在新授课期间或课外作业时已将这些复习题布置给学生练习过，到章末复习时总感觉教材上没有内容可以复习选用，这是一种误解。章末复习课不应该仅仅关注教材上的章末小结那几页内容，教师要再次研究整章教材内容，从章前图到章末小结都要细致查阅、研究，通过再认识、再理解、再体会，往往就能发现教材编写者的良苦用心，也就能抓住教材上的重点内容、经典问题，并将其作为复习课的重要素材进行选编、开发和运用，让学生感受到章末复习课就是对教材上很多问题的"再理解"与"再探究"。

（二）重视一题多解

课堂中习题容量偏大，往往会导致一些教学内容来不及讲解。这样一来，有些值得开展深度讲评的例题、习题就没有跟进必要的追问，包括一题多解的研究，使得学生对这些问题的研究不够深入。教师在复习课中应适当减少课堂容量，通过必要的一题多解，减轻课堂上学生忙于刷题导致的学习倦怠，也帮助学生从不同角度认识一些典型习题或解法，发展学生各项核心素养。

（三）章末复习课要加强变式教学

在复习课中，教师应对例题、习题进行即时变式或拓展，帮助学生举一反三、触类旁通，促进学生的深度学习。本节课通过不同角度积极实践变式教学，让学生感受到它们之间的联系，有些问题虽然看似"形异"，但是它们从解题思想层面上却体现着整体处理策略，实际也是一类"质同"问题。类似的变式教学对于训练学生识别"等价问题"往往会起到很好的示范作用。

【案例十九】"一元一次不等式与不等式组"单元复习课教学设计

一、教材分析

本节课是北师大版数学课本八年级下册第二章"一元一次不等式与一元一次不等式组"单元复习课。一元一次不等式和一元一次不等式组均为描述实际生活与现实世界中的数量不等关系的模型,在教材与数学学习中,一元一次不等式是最简单的不等式,同时一元一次不等式是研究其他不等式的基础。

从形式上看,不等式与方程有诸多类似的地方,可运用数学类比思想,类比研究一元一次方程性质与解法的思路和方法,但在研究不等式的过程中需关注不等式与方程的联系和区别,体现类比、从特殊到一般、转化与化归的数学思想。从解决实际问题上看,实际问题中除了相等的数量关系,更多的是数量不等关系,故而建立不等式、不等式组是解决实际问题的需要,且这个过程能帮助学生从数学角度观察现实世界,因此本章从最简单的不等式与不等式组入手。

二、学情分析

学生已经经历了一元一次不等式的学习过程,掌握了一元一次不等式的解法,具备解一元一次不等式的初步经验,但学生的初步经验对于本章节中的一元一次不等式全方位的应用还是远远不够的。本节复习课重在让学生掌握不等式的性质,能利用不等式的基本性质对一元一次不等式(组)进行求解,并通过探索和发现不等关系的过程学会解决一些简单的实际问题,进而掌握不等式的建立模型基本方法,并能了解函数、不等式与方程的关联。

三、教情分析

一元一次不等式与一元一次不等式组属于"数与代数"领域,教师在复习教学的过程中容易忽视学生原本的知识结构,忽略知识迁移。在本单元的复习课中,充分发挥正迁移的积极作用,可以借助学生的已有认识为本单元的复习教学提供一条适当的路径。本单元知识复习将通过题组的唤醒与再现,梳理出本章的知识结构，充分揭示学生的思维过程，逐步发现学生在复习过程中出现的问题和困难，在解决新问题的同时巩固学生的基础知识。教学前，先针对班级学生对本章知识的掌握情况进行前测，方便教师更好地了解学生情况，在课堂上主要侧重解题方法的指导，同时通过实例讲解进一步巩固所学知识，增强学生综合应用知识的能力。

本节复习课引导学生归纳本章的重要知识点，建立本章的知识联系框架，从而厘清知识的发展脉络与内在联系，提高应用数学知识研究和解决实际问题的能力。

四、教学目标

（1）掌握不等式的基本性质，理解不等式（组）的解及解集的含义，能够掌握简单的一元一次不等式（组）的解法，并能在数轴上表示其解集。

（2）通过对本章知识点的梳理，能根据具体问题抽象出不等关系，建立一元一次不等式，解决简单的实际问题，体会不等式、函数、方程之间的联系，让学生深入理解模型思想和类比的思想方法。

（3）通过引导学生从不同的角度思考和解决问题，培养学生的运算能力、几何直观、推理能力的核心素养，提高学生对数学的理解和学好数学的信心。

五、教学重难点

教学重点：掌握不等式的基本性质，理解不等式（组）的解及解集的含义，掌握简单的一元一次不等式（组）的解法。

教学难点：能把具体问题抽象成数学问题中的不等关系，再建立一元一次不等式，解决问题。

六、教学条件准备

教具：教材、计算机、多媒体课件。

学具：教材、笔记本、课堂练习本、文具。

七、教学设计

（一）创设问题情境，回顾旧知

问题：这章我们学习了哪些内容？你能用思维导图的形式呈现出它们的关系吗？

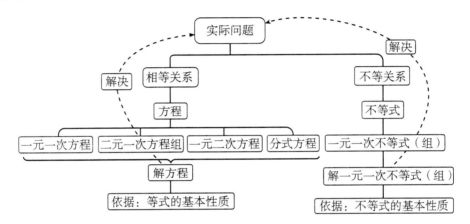

【师生活动】师生回顾总结本章主要知识点，类比方程引导学生梳理知识网络。

【设计意图】通过对知识点的回顾，学生可以快速做好本节课复习的前期准备，并且在提出问题、思考问题的动态过程中主动参与数学学习。

（二）梳理知识，复习巩固

1.例题讲解

例题1：

下列各式中：① $4 > 0$ ；② $4x+3y > 0$ ；③ $x-1$ ；④ $\dfrac{1}{x}-3 = x$ ；⑤ $-2x+1$ $\leqslant 3$ ；⑥ $3y-2 \geqslant 0$ ；⑦ $\dfrac{2+x}{2} = \dfrac{2x-1}{3}$ ；⑧ $\dfrac{2+x}{2} > \dfrac{2x-1}{3}$ ；⑨ $x^2 \geqslant 0$ 。

属于不等式的有＿＿＿＿＿＿＿＿＿＿＿＿ ；

属于一元一次不等式的有＿＿＿＿＿＿＿＿＿＿＿＿ ；

其中可以组成一元一次不等式组的有＿＿＿＿＿＿＿＿＿＿＿＿＿ 。

通过例题让学生更好地回顾以下知识点：

（1）不等式的定义。

一般地，用符号"＜"（或"≤"），"＞"（或"≥"），"≠"连接的式子叫作不等式。

符号"＞"的意义：大于。

符号"＜"的意义：小于。

符号"≤"的意义：①不大于；②小于或等于。

符号"≥"的意义：①不小于；②大于或等于。

练一练：

用适当的符号表示下列关键词：

①至多；②不足；③至少；④不低于；⑤不超过；⑥超过。

【师生活动】通过例题，引导学生回顾本章的知识要点。在练一练环节，通过希沃课堂活动中的匹配游戏，让学生上台进行配对游戏。

【设计意图】在解决问题过程中，让学生学会挖掘关键词并转化为不等符号列不等式，进一步让学生熟练不等关系文字语言和符号语言之间的转换。

（2）一元一次不等式的定义。

①用不等于连接，不等式两边都是整式；②只含有一个未知数；③未知数的最高次数为1。

（3）一元一次不等式组的定义。

关于同一个未知数的几个一元一次不等式合在一起。

【师生活动】在例题1的基础上进行小组合作回顾。

【设计意图】通过例题1及练习逐步加深学生对不等式、一元一次不等式、一元一次不等式组概念的印象，增加学生对数学知识的理解和学习数学的信心。

2.不等式的基本性质

不等式的基本性质1：不等式的两边都加上（或减）同一个整式，不等号的方向不变。

符号语言：若$a > b$，则$a \pm c > b \pm c$。

不等式的基本性质2：不等式的两边都乘（或除以）同一个正数，不等号的方向不变。

符号语言：若 $a>b$，$c>0$，则 $ac>bc$，$\dfrac{a}{c}>\dfrac{b}{c}$。

不等式的基本性质3：不等式的两边都乘（或除以）同一个负数，不等号的方向改变。

符号语言：若 $a>b$，$c<0$，则 $ac<bc$，$\dfrac{a}{c}<\dfrac{b}{c}$。

课堂活动：运用不等式的基本性质判断对错。

①对于任意实数 a，$4a>2a$ 恒成立。 （×）

②对于任意实数 a，$a^2>0$ 恒成立。 （×）

③对于任意实数 a，$-\dfrac{1}{2}a^2<0$ 恒成立。 （√）

④若 $a>b$，则 $a+c>b+c$。 （√）

⑤若 $a+c>b+c$，则 $a>b$。 （√）

⑥若 $a>b$，则 $ac^2>bc^2$。 （×）

⑦若 $ac^2>bc^2$，则 $a>b$。 （√）

⑧若 $a<b$，则 $5-a<5-b$。 （×）

3. 一元一次不等式的解法

例题2：

解不等式：$\dfrac{2x-1}{3}-\dfrac{9x+2}{6}\leqslant 1$。

解：去分母，得＿＿＿＿＿＿＿＿＿＿＿＿＿。

去括号，得＿＿＿＿＿＿＿＿＿＿＿＿＿。

移项，得＿＿＿＿＿＿＿＿＿＿＿＿＿。

合并同类项，得＿＿＿＿＿＿＿＿＿＿＿。

系数化为1，得＿＿＿＿＿＿＿＿＿＿＿。

【师生活动】学生根据步骤自主解答后，教师投影错例。师生一起整理易错点。

去分母时的注意事项如下：①不含分母的项不漏乘；②去括号时注意，分子的多项式加括号；③乘法分配律不漏乘；④去括号时，注意符号。

【设计意图】通过让学生找错误来提醒学生在解不等式时的易错点，从而在练习中规避出现同样的错误，巩固学生解不等式的方法，厘清每一步的依据。

4. 不等式组的解集在数轴上的表示

例题 3：不等式组的解集 $\begin{cases} x+1 > 2 \\ 2x-4 \leq x \end{cases}$ 在数轴上表示正确的是（　　　）。

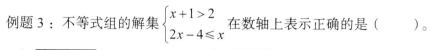

知识回顾：一元一次不等式组解集的确定：

一元一次不等式组（$a<b$）	解集在数轴上表示	解集
$\begin{cases} x \geq a \\ x > b \end{cases}$		$x>b$ 同大取大
$\begin{cases} x \leq a \\ x < b \end{cases}$		$x \leq a$ 同小取小
$\begin{cases} x \geq a \\ x < b \end{cases}$		$a \leq x < b$ 大小、小大取中间
$\begin{cases} x \leq a \\ x > b \end{cases}$		无解 大大、小小无解

【师生活动】学生自主完成后教师点评，同时对各个选项所对应的解集进行明晰。

【设计意图】借助例题进行知识巩固。

（三）夯实基础

1. 解不等式 $\dfrac{-2x+1}{3} \leq 1$ 和 $\dfrac{2x-1}{3} - \dfrac{x+1}{2} \leq -1$。

2. 解不等式组 $\begin{cases} \dfrac{2x-1}{3} - \dfrac{5x+1}{2} \leq 1 \\ 5x-1 < 3(x+1) \end{cases}$，并把它们的解集在数轴上表示出来。

【**师生活动**】学生自主解答。

【**设计意图**】夯实基础，查缺补漏。

（四）能力提升

1.关于 x 的不等式组 $\begin{cases} x < a \\ x > 1 \end{cases}$ 有解，则 a 的取值范围是（　　）。

A. $a \leqslant 1$　　　　B. $a \geqslant 1$　　　　C. $a < 1$　　　　D. $a > 1$

变式：关于 x 的不等式组 $\begin{cases} x < a \\ x > 1 \end{cases}$ 无解，则 a 的取值范围是_____。

2.关于 x 的不等式组 $\begin{cases} x > a \\ x > 1 \end{cases}$ 的解集为 $x > 1$，则 a 的取值范围是（　　）。

A. $a \leqslant 1$　　　　B. $a \geqslant 1$　　　　C. $a < 1$　　　　D. $a > 1$

3.关于 x 的不等式组 $\begin{cases} 2(x-1) > 4 \\ a-x < 0 \end{cases}$ 的解集为 $x > 3$，则 a 的取值范围为（　　）。

A. $a \leqslant 3$　　　　B. $a \geqslant 3$　　　　C. $a < 3$　　　　D. $a > 3$

【**师生活动**】学生先自主解答，然后小组讨论交流。在学生经过充分思考后，教师结合几何画板，直观地向学生讲解含参一元一次不等式组的问题，总结解决方法。

【**设计意图**】　进一步巩固解不等式（组）的方法与思想，体会数形结合的思想。

（五）课堂小结

通过本节课的复习，你有什么收获？对什么问题印象最深刻？说说你的感悟。

【**师生活动**】学生畅所欲言，教师结合学生回答完善板书，厘清知识间的关系。

（六）布置作业

1.若 $\frac{1}{2}x^{2m-1} - 8 > 5$ 是关于 x 一元一次不等式，则 m 的值为（　　）。

A. 0　　　　　B. 1　　　　　C. 2　　　　　D. 3

2. 不等式 $x + 2 \geq 3$ 的解集在数轴上表示正确的是（　　　）。

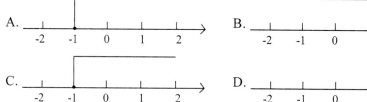

3. 在开山工程爆破时，已知导火线燃烧速度为 0.5 cm/s，人跑开的速度是 4 m/s，为了使放炮的人在爆破时能安全跑到 100 m 以外的安全区，导火线的长度 x（cm）应满足的不等式是（　　　）。

A. $4 \times \dfrac{x}{0.5} \geq 100$ 　　　　　　　B. $4 \times \dfrac{x}{0.5} \leq 100$

C. $4 \times \dfrac{x}{0.5} < 100$ 　　　　　　　D. $4 \times \dfrac{x}{0.5} > 100$

4. 解不等式 $2x - 1 > \dfrac{3x - 1}{2}$。

5. 求不等式组 $\begin{cases} \dfrac{1}{2}(x-1) \leq 1 \\ 1 - x < 2 \end{cases}$ 的解集，并求它的整数解。

6. 关于 x 的两个不等式如下：① $\dfrac{3x + a}{2} < 1$；② $1 - 3x > 0$，

（1）若两个不等式的解集相同，求 a 的值。

（2）若不等式①的解都是②的解，求 a 的取值范围。

八、板书设计

一元一次不等式与一元一次不等式组			
	不等式	一元一次不等式	一元一次不等式组
定义			
解法			
依据		不等式的基本性质	
解集		利用数轴	公共部分

九、教学反思

（1）本节课的教学时间有限，复习的内容比较多，因此在教学设计时，教师应精选例题，给学生思考的时间应留足，让学生通过这节课能真正实现查缺补漏。

（2）教学设计流程问题串还不够具体，教师应细化整个单元的问题，建议从学生的习题中找问题，可以采用截图的方式在课堂上呈现。

（3）多采用讨论投影的方式，把课堂的练习时间多留一点给学生，减少课堂讲评。

（4）课堂上没有更充分地渗透数形结合思想，建议多一些讨论时间，让学生充分表达，更好地帮助学生理解如何从实际问题中抽象出数学问题。

第五节　专题复习课教学设计案例

【案例二十】"'两动＋一定模型'解决线段最值问题"专题复习课教学设计

一、教材分析

本节课内容为九年级总复习专题训练。九年级阶段的课程紧张、时间宝贵，为了让学生在短时间内更有成效地掌握知识，教师要在学生学完新课内容的前提下，帮助学生按专题进行扎实有效的复习。本节课是在学习了两条线段和最小值和两条线段差最大值之后的进一步探索，通过对多道类型题的解答，学生能通过类比归纳辅助线的添加方法及解题思路。

二、教情分析

九年级复习阶段的课程安排十分紧凑，这就要求教师严格把控教学内容的时间，每一节课、每一分钟都要用在刀刃上。例题的选择一定要具有代表性，变式也要有指导意义，要能够帮助学生通过练习不同的习题，抽象出这一类型问题的共同特征及解题思路。作业布置要在课堂内容基础上稍做改变，杜绝"为了作业而作业"；教学过程中需要对学生进行语言引导，尽可能让学生自己归纳出解题思路和结论，帮助学生对同类题型有更深刻的理解和记忆。

三、学情分析

知识储备：九年级学生处于总复习阶段，已学习过初中所需掌握的平面几何知识，具备运用"两点之间线段最短"解决"两动＋一定模型"的线段和（周长）最值问题的认知前提，但或许由于时间原因存在生疏或遗忘的情况。

能力水平：复习阶段学生具有较强的思考能力，思维活跃，能快速地整合多个知识点进行同时应用，同时解决问题的能力相对较强，可在教师的引导下独立进行推理得出结论。

数学素养：九年级学生的数学核心素养已得到很好的发展，具有较强的抽象能力、运算能力、几何直观、推理能力和模型意识。

面临问题：大部分学生没有对课程中的相关数学知识进行消化和内化；学生对这些数学知识的运用不熟练。

解决方法：通过示范典型例题，引导学生自己开动脑筋归纳出一类题型的一般特征，再在变式问题中反复练习应用，总结出解决同类问题的一般步骤与方式。

四、教学目标

（1）能从数学情景中抽象出"两点之间线段最短"的概念和规则，掌握运用"两点之间线段最短"解决"两动＋一定模型"的线段和（周长）最值问题的方法，合理理解运算结果，形成一定运算能力、推理能力和抽象能力。能够运用几何图形的基本性质进行推理证明，进一步增强几何直观、空间观念、推理能力。

（2）能够意识到解决一类问题的方法是多样的，择优运用，初步学会用数学语言表达和交流。

（3）能够从一步步探索归纳总结的过程中获得数学活动经验，增加成就感，产生求知欲，建立学好数学的信心。在解决问题的过程中学会独立思考，合作探究，形成克服困难、敢于担当的科学精神。

五、教学重难点

教学重点：解决"两动＋一定模型"的线段和（周长）最值问题的方法。

教学难点：运用"两点之间线段最短"解决"两动＋一定模型"的线段和（周长）最值问题的方法。

六、教学条件准备

利用希沃软件中的白板和投影功能，将学习内容和互动结果及时呈现给学生，培养学生的符号意识和思维能力。

七、教学设计

（一）复习引入

【师生活动】多媒体展示之前所学的两条线段和最小类型的思路与结论。

	异侧	同侧
思路	连接 AB 交直线 l 于点 P，点 P 即所求	作点 B 关于直线 l 的对称点 B'，连接 AB'，与直线 l 的交点即点 P
结论	根据两点之间线段最短，$PA＋PB$ 的最小值即线段 AB 的长	将两定点同侧转化为异侧问题，根据两点之间线段最短，$PA＋PB$ 的最小值即 AB'

【设计意图】回顾旧知，唤醒记忆，以便学生能够快速进入学习状态，重启思维，认识到两点之间线段最短，为后续探究做铺垫。

（二）新知探究

问题1：点 P 在 $\angle AOB$ 内部，在 OB 边上找点 D，OA 边上找点 C，使得 $\triangle PCD$ 周长最小。

【师生活动】作点 P 关于 OA 的对称点 P'，作点 P 关于 OB 的对称点 P''，连接 $P'P''$，分别交 OA，OB 于点 C，D，点 C，D 即所求，$\triangle PCD$ 周长的最小值即线段 $P'P''$ 的长。

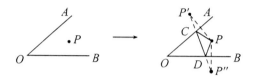

教师引导学生归纳：

根据两点之间线段最短，将三条线段转化到同一直线上，此时 $PC + PD + CD$ 的值最小，即 $\triangle PCD$ 周长最小。

【设计意图】根据已有知识，将新情景与旧知识进行结合，感受"两动＋一定模型"，用已有知识解决新情境中的问题，训练几何直观与推理能力。

（三）典例精析

问题2：$\angle AOB$ 在平面直角坐标系中的位置如下图所示，且 $\angle AOB = 60°$，在 $\angle AOB$ 内有一点 P（3，$\sqrt{7}$），M，N 分别是 OA，OB 边上的动点，连接 PM，PN，MN，则 $\triangle PMN$ 周长的最小值是_____。

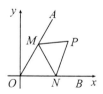

预设答案：分别作 P 关于射线 OA、射线 OB 的对称点 P' 与点 P''，连接 $P'P''$，与 OA，OB 分别交于 M，N 两点，此时 $\triangle PMN$ 周长最小，最小值为 $P'P''$ 的长。

如下图所示，连接 OP'，OP''，OP。

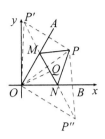

因为 OA，OB 分别为 PP'，PP'' 的垂直平分线，$P(3,\sqrt{7})$，所以 OP' $=OP=OP''=\sqrt{3^2+(\sqrt{7})^2}=4$，且 $\angle POA=\angle P'OA$，$\angle POB=\angle P''OB$。因为 $\angle AOB=\angle AOP+\angle BOP=60°$，$\angle P'OP''=120°$。过 O 作 $OQ\perp P'P''$，得 $P'Q=P''Q$，$\angle OP'Q=\angle OP''Q=30°$，所以 $OQ=2$，$P'Q=P''Q=2\sqrt{3}$。所以 $P'P''=2P'Q=2\times2\sqrt{3}=4\sqrt{3}$。

即 $\triangle PMN$ 周长的最小值是 $4\sqrt{3}$。

【设计意图】 教师引导学生自主解答，通过增加辅助线结合平面性质推导证明，得出结论，初步体会运用"两点之间线段最短"解决"两动＋一定模型"的线段和（周长）最值问题的方法。

（四）变式训练

变式 1：如下图所示，点 P 是 $\angle AOB$ 内任意一点，且 $\angle AOB=40°$，点 M 和点 N 分别是射线 OB 和射线 OA 上的动点，当 $\triangle PMN$ 的周长取最小值时，$\angle MPN$ 的度数为_____。

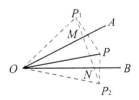

【师生活动】 分别作点 P 关于 OA，OB 的对称点 P_1，P_2，连接 P_1P_2，交 OA 于 M，交 OB 于 N，$\triangle PMN$ 的周长 $=P_1P_2$，然后得到等腰 $\triangle OP_1P_2$ 中，$\angle OP_1P_2$ $+\angle OP_2P_1=100°$，因此 $\angle MPN=\angle OPM+\angle OPN=\angle OP_1M+\angle OP_2N=100°$。

预设答案：分别作点 P 关于 OA，OB 的对称点 P_1，P_2，连接 P_1P_2，交 OA 于 M，交 OB 于 N，则 $OP_1=OP=OP_2$，$\angle OP_1M=\angle MPO$，$\angle NPO=\angle NP_2O$。

根据轴对称的性质可得 $MP = P_1M$，$PN = P_2N$，则 $\triangle PMN$ 的周长的最小值 $= P_1P_2$，所以 $\angle P_1OP_2 = 2\angle AOB = 80°$，所以等腰 $\triangle OP_1P_2$ 中，$\angle OP_1P_2 + \angle OP_2P_1 = 100°$，即 $\angle MPN = \angle OPM + \angle OPN = \angle OP_1M + \angle OP_2N = 100°$。

故答案为 $100°$。

注：此题考查轴对称最短路线问题，解题关键在于作辅助线。

变式 2：如下图所示，四边形 $ABCD$ 中，$\angle A = 60°$，$\angle B = \angle D = 90°$，$AB = AD = \sqrt{3}$，在 AB，AD 上分别找一点 M，N，则 $\triangle CMN$ 周长的最小值为_____。

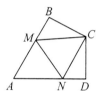

【师生活动】连接 BD，作点 C 关于 AB 的对称点 E，关于 AD 的对称点 F，连接 EM、FN，当 E、M、N、F 在同一直线上时，$EM + MN + FN$ 的最小值等于线段 EF 的长，依据三角形中位线定理即可得到 EF 的长，进而得出 $\triangle CMN$ 周长的最小值。

预设答案：如右图所示，连接 BD，作点 C 关于 AB 的对称点 E，关于 AD 的对称点 F，连接 EM、FN，则 $CM=EM$，$CN=FN$，所以 $CM + MN + CN = EM + MN + FN$，所以当 E、M、N、F 在同一直线上时，$\triangle CMN$ 周长的最小值等于线段 EF 的长。因为 B，D 分别是 CE，CF 的中点，所以此时 BD 是 $\triangle CEF$ 的中位线，所以 $EF=2BD$，又因为 $\angle A=60°$，$AB=AD=\sqrt{3}$，所以 $\triangle ABD$ 是等边三角形，所以 $BD=\sqrt{3}$，所以 $EF=2\sqrt{3}$。所以 $CM + MN + CN$ 的最小值为 $2\sqrt{3}$，即 $\triangle CMN$ 周长的最小值为 $2\sqrt{3}$。

变式 3：如下图所示，$\triangle ABC$ 中，$\angle A = 90°$，$AB = 4k$，$AC = 3k$，M、N、P 分别是边 AB、AC、BC 上的动点，连接 PM、PN 和 MN。若设 $PM + PN + MN$ 的最小值为 y，则 y 与 k 的数量关系为_____。

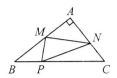

【师生活动】作点 P 关于 AB 的对称点 P_1，作点 P 关于 AC 的对称点 P_2，连接 PP_1，PP_2，P_1M，P_2N，AP_1，AP_2，根据轴对称的性质可得 P_1，A，P_2 三点共线，可知 $PM + PN + MN$ 的最小值即为 P_1P_2 的最小值。又根据 $P_1P_2=2PA$，根据垂线段最短求出 AP 的最小值即可表示出 y 与 k 的数量关系。

预设答案：作点 P 关于 AB 的对称点 P_1，作点 P 关于 AC 的对称点 P_2，连接 PP_1，PP_2，P_1M，P_2N，AP_1，AP_2，如下图所示。

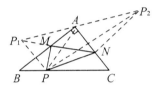

根据轴对称的性质可得 $AP= AP_1$，$AP=AP_2$，$\angle BAP_1 = \angle BAP$，$\angle CAP_2 = \angle CAP$，因为 $\angle BAC = 90°$，所以 $\angle BAP + \angle CAP = 90°$，所以 $\angle BAP_1 + \angle CAP_2 = 90°$，所以 $\angle P_1AP_2 = 180°$，所以 P_1，A，P_2 三点共线。又因为 $MP = MP_1$，$NP = NP_2$，所以 $PM + PN + MN$ 的最小值即为 P_1P_2 的最小值。而因为 $P_1P_2 = 2PA$，故而当 $AP \perp BC$ 时，AP 取得最小值，此时 $PM + PN + MN$ 的值最小，因为 $\angle A = 90°$，$AB = 4k$，$AC = 3k$，根据勾股定理得 $BC = 5k$，又因为 $\triangle ABC$ 的面积 $= 1/2AB \cdot AC = 1/2BC \cdot AP$，所以 AP 的最小值为 $12/5k$，所以 $PM + PN + MN$ 的值最小为 $y = 24/5k$。

变式 4：如右图所示，在 $\triangle ABC$ 中，$\angle A = 54°$，$\angle C = 76°$，D 为 AB 的中点，点 P 在 AC 上从 C 向 A 运动；同时，点 Q 在 BC 上从 B 向 C 运动，当 $\angle PDQ = $ _____° 时，$\triangle PDQ$ 的周长最小。

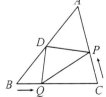

【师生活动】根据两点之间线段最短，把三角形的周长转化为一条线段的长，利用三角形的内角和及平角的定义求解。

预设答案：过点 D 作 $DF \perp BC$ 于 N，并截取 $NF=DN$，过点 D 作 $DE \perp AC$

于 M，并截取 $ME = DM$，连接 EF，则 EF 的长为 $\triangle PDQ$ 周长的最小值。

根据作图知：AC 垂直平分 DE，BC 垂直平分 DF，所以 $DQ = FQ$，$PD = PE$，所以 $DQ + DP + PQ = FQ +$ $PE + PQ$，根据两点之间线段最短，所以 EF 的长是 $\triangle PDQ$ 周长的最小值，此时有：$\angle FDQ = 1/2\ \angle DQP$，$\angle MDP =$ $1/2\ \angle DPQ$，在三角形 ABC 中有 $\angle A = 54°$，$\angle C = 76°$，所以 $\angle B = 180° - \angle A - \angle C = 50°$，所以 $\angle BDN = 40°$，所以 $\angle PDQ = 180° - \angle BDN - \angle ADM - \angle FDQ - \angle MDP$。

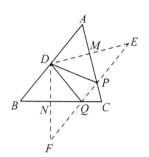

故答案为 28°。

【设计意图】通过改变条件，丰富学生数学经验，增加化归环节的"原材料"，通过不断重复要点，起到强化作用，帮助学生感悟同一题型的共同特征，同时在反复练习中进一步培养学生的运算能力、几何直观、空间观念及推理能力。

（五）归纳小结

思路	分别作点 P 关于 OA，OB 的对称点 P'，P''，连接 $P'P''$，分别交 OA，OB 于点 C，D，$\triangle PCD$ 周长的最小值即为线段 $P'P''$ 的长 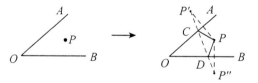
结论	可以将三条线段转化到同一直线上，按两点之间线段最短的定理，此时 $PC + PD + CD$ 的值最小，也就是说 $\triangle PCD$ 的周长最小

【设计意图】通过反复解题，从不同题型中提取题目中的共同点，积累经验的过程中感悟解题共性，引导学生自发用语言整理思路，规范用语总结结论，训练抽象能力、推理能力。

（六）布置作业

1. 如下图所示，$\angle AOB = 60°$，在 $\angle AOB$ 内有一点 P（4，3），M，N 分别是 OA，OB 边上的动点，连接 PM，PN，MN，则 $\triangle PMN$ 周长的最小值是_____。

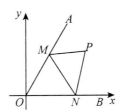

2.如图，点 P 是 $\angle AOB$ 内任意一点，$\angle AOB=30°$，点 M 和点 N 分别是射线 OA 和射线 OB 上的动点，$\triangle PMN$ 周长的最小值是 6 cm，则 OP 的长是 _____。

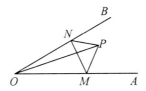

提示：这道题主要考查轴对称——最短路线问题，熟练运用两点之间线段最短是解决这个问题的关键。

3.如下图所示，点 P 是 $\angle AOB$ 内任意一点，$OP=8$ cm，点 M 和点 N 分别是射线 OA 和射线 OB 上的动点，$\triangle PMN$ 周长的最小值是 8 cm，则 $\angle AOB=$_____。

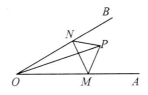

八、板书设计

	异侧	同侧
思路	连接 AB 交直线 l 于点 P，点 P 即所求	作点 B 关于直线 l 的对称点 B'，连接 AB'，与直线 l 的交点即点 P
结论	根据两点之间线段最短，$PA+PB$ 的最小值即线段 AB 的长	将两定点同侧转化为异侧问题，根据两点之间线段最短，$PA+PB$ 的最小值即 AB'

九、教学反思

本节课主要是运用"两点之间线段最短"研究"两动＋一定模型"的最短路径问题，和学生一起探究最短路径问题及其延伸，从中体会解决问题的一般过程。课程的难易程度和逻辑安排较为合理，下面将本节课的过程和方法的优缺点总结如下：

优点：

（1）教学本知识点内容的选择较为科学，安排的内容都是围绕"两动＋一定模型"这一核心主线，把问题进行改进和延伸，使学生最大限度地理解问题。

（2）在教学方法选择上，运用了启发式教学、教练结合等方法，使学生在掌握基本方法的同时了解它的延伸。

（3）在教学中合理地使用现代化的教学设备，最大限度地缓解学生学习几何问题畏难的心理。

缺点：

（1）在课堂导入环节的过渡较为僵硬，部分练习的衔接不是很好，课程的进度上"头重脚轻"。

（2）课堂气氛还不够好，学生的积极性还有待提高，暂时没有达到教师预期的效果。

（3）课堂中对知识点的总结没有及时地进行板书，板书的条理性有待提高。

【案例二十一】"手拉手模型"专题复习课教学设计

一、教材分析

"手拉手模型"内容涉及北京师范大学出版社《义务教育教科书·数学》七年级下册第四章"三角形"，以及九年级上册第四章"图形的相似"的内容。七年级下册第四章"三角形"内容如下：初步认识三角形；了解三角形的基本性质；研究图形全等的定义；探究三角形全等的条件，了解三角形全等的性质，并利用这些结果解决一些实际问题。九年级上册第四章"图形的相似"内容如下：成比例线段的含义以及平行线分线段成比例的探究；研究图形相似的定义；探索三角形相似的条件，了解三角形相似的性质，并利用图形的相似解决一些简单的实际问题；了解图形的位似，能利用位似将一个图形放大或缩小。

新课标对图形变化的学业要求是理解对称、旋转、平移这三类基本的图形运动，知道三类运动的基本特征，用图形的运动认识、理解和表达现实世界中相应的现象。全等三角形与相似三角形在中考数学几何模块中占据着重要地位。相似三角形与其他知识点结合以综合题的形式呈现，其变化很多，难度大，是中考的常考题型。本专题从学生已有认知水平出发，设计"手拉手模型"探究性教学，引导学生对全等三角形和相似三角形进行进一步认识，培养学生分析问题和解决问题的能力。同时，本专题对"手拉手模型"进行梳理并对相关试题进行分析，帮助学生建立清晰的解题思路，克服做题时的茫然和盲目心理，培养学生学习自信心，从中探索数学学习的乐趣。

二、学情分析

九年级总复习（或九年级已学完图形相似这一章）阶段的学生对三角形全等的知识点已经较为熟悉，对三角形相似也有了初步的认识，但对于综合类问题，如综合平行四边形、三角形全等、三角形相似、勾股定理等类型的问题，学生仍感到陌生和困惑。该阶段学生的模型观念和推理能力都处于发展阶段，如果教师不加以引导、提示和总结，学生在面对难题时就容易产生畏难情绪，从而影响其自身对数学学习的态度。

"手拉手模型"运用的判定三角形全等的方法主要是判定两个三角形的两边及一夹角相等，学生在初一阶段就已经接触该判定定理，并且大部分学生都能熟练应用，准确找到对应边和对应角；而"手拉手模型"运用的判定三角形相似的方法主要是判定两个三角形的两条对应边成比例及其夹角相等，部分学生对于判定三角形相似还不够熟悉，在找对应边和对应角时可能会遇到困难。针对上述实际情况，教师应先安排"手拉手全等模型"的教学，再安排"手拉手相似模型"的教学，并且在证明三角形相似的过程中，应注意引导学生寻找对应边与对应角，并注意相似所得到的已知条件。

三、教情分析

本节课教学过程中可能遇到的问题如下。

（1）该节课对学习者的几何直观、模型观念、推理能力核心素养的要求较高，并且由于每个学生的学习程度有所差异，因此在设计问题时，教师需采用由易到难、由简到繁的原则，需照顾到不同层次学生的需要。

（2）学生可能刚开始难以接受"手拉手模型"这样的解题新模型、新思路，教师应当在模型介绍上准备充足的时间，并且从证明的角度解释模型，再从具体的问题中引导学生应用模型进行解题。

四、教学目标

（1）理解并熟悉"手拉手模型"，能运用"手拉手模型"解决实际问题。

（2）经历"模型介绍—模型证明—模型应用"的学习，体验模型建立、综合运用已有知识解决问题的过程，获得研究问题的方法和经验，从而培养学生模型观念、推理能力、几何直观、应用意识等数学核心素养。

（3）在解决数学问题的过程中，通过成功的体验和克服困难的经历，树立学好数学的信心，体会数学的价值，提高数学学习积极性，养成认真勤奋、独立思考、反思质疑的学习习惯；通过小组合作交流，培养学生的沟通交流能力和反思能力，培养合作精神与创造精神，从中养成合作交流的学习习惯。

五、教学重难点

教学重点：理解"手拉手模型"，并运用"手拉手模型"解决问题。

教学难点：运用"手拉手模型"解决数学中的实际问题。

六、教学条件准备

多媒体课件、尺规、几何画板。

七、教学设计

（一）模型介绍

教师导入语：我们常常会遇到关于三角形全等和三角形相似的证明问题，今天我们将走进全等和相似的世界，运用一个几何证明模型——"手拉手模型"，来感受数学几何证明的乐趣。

问题1：请同学们回顾一下三角形全等与三角形相似的知识框架。

【师生活动】学生思考后回答，教师总结，可以分别从两个方面进行研究：全等或相似的定义，全等或相似的判定定理。

（1）三角形全等：全等三角形的对应边相等，对应角相等。两个三角形全等的判定定理有 SSS，ASA，AAS，SAS。

（2）三角形相似：三角分别相等、三边成比例的两个三角形叫作相似三角形。两个三角形相似的判定定理如下：两角分别相等的两个三角形相似；两边成比例且夹角相等的两个三角形相似；三边成比例的两个三角形相似。

今天所要研究的"手拉手模型"，需要综合应用三角形全等和三角形相似的知识，可分为"手拉手全等模型"和"手拉手相似模型"，下面先进入全等模型的学习。

【设计意图】通过回顾全等三角形和相似三角形的知识框架，为学生运用"手拉手模型"解决问题打下基础，并引出本节课的目标问题——"手拉手模型"及其应用。

（二）手拉手全等模型

如下图所示，"手拉手全等模型"是将一个等腰三角形绕其顶点旋转一定的角度。我们将等腰三角形的顶点叫作"头"，等腰三角形的左边顶点叫作"左手"，右边顶点叫作"右手"，将"左手"与"左手"连接，"右手"与"右手"连接，即连接 BD、CE，我们就说 $\triangle ABD \cong \triangle ACE$。采用几何画板演示该过程。

问题2：你能证明该模型吗？请独立思考后小组讨论。

【师生活动】学生讨论后回答，教师采用几何画板演示该过程后总结：

证明：$\because \triangle ABC$，$\triangle ADE$ 均为等腰三角形，且$\angle BAC = \angle DAE$，

$\therefore AD = AE$，$AB = AC$，$\angle BAC - \angle BAE = \angle DAE - \angle BAE$，

$\therefore \angle DAB = \angle EAC$，

$\therefore \triangle ABD \cong \triangle ACE$。

在此过程中，要注重过程书写的规范性，以培养学生良好的学习习惯。

【设计意图】通过引导学生进行严格的证明，让学生感悟数学的严谨性，培养学生追求理性的精神、实事求是的思想、独立思考的习惯，由此培养学生的推理能力核心素养。

问题3：已知：如图，$\triangle OAB$，$\triangle OCD$ 均为等腰三角形，$OA = OB$，$OC = OD$，$\angle 1 = \angle 2$。

求证：① $\triangle OAC \cong \triangle OBD$；② O、A、B、E 四点共圆，O、D、C、E 四点共圆；③ EO 平分 $\angle AED$；④ $\angle AEB = \angle AOB$。

证明：① $\because OA = OB$，$OC = OD$，$\angle AOB = \angle COD$，

$\therefore \angle 1 + \angle 3 = \angle 2 + \angle 3$，

$\therefore \angle AOC = \angle BOD$，

$\therefore \triangle OAC \cong \triangle OBD$，

② $\therefore \angle OAC = \angle OBD$，$\angle OCA = \angle ODB$，

$\therefore O$、A、B、E 四点共圆，O、D、C、E 四点共圆。

③连接 OE，过点 O 作 $OM \perp AC$，$ON \perp BD$，垂足分别为 M、N，

由①得，$\triangle OAC \cong \triangle OBD$，

$\therefore AC = BD$，

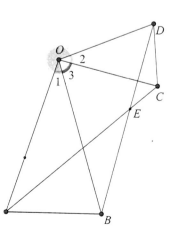

$$\because \frac{1}{2}AC \cdot OM = \frac{1}{2}BD \cdot ON，$$

$$\therefore OM = ON，$$

$$\because OM \perp AC，ON \perp BD，$$

$\therefore EO$ 平分 $\angle AED$。

④由②得，O、A、B、E 四点共圆，

$$\therefore \angle AEB = \angle AOB。$$

问题4：如下图所示，已知 $AE \perp AB$，$AF \perp AC$，$AE = AB$，$AF = AC$。试猜想 CE、BF 的关系，并说明理由。

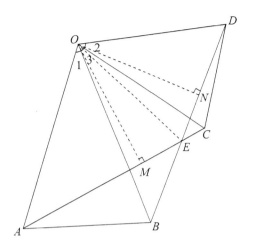

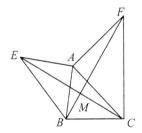

【**师生活动**】学生独立思考后小组讨论，教师引导学生猜想相等且垂直，并进行总结。

解：猜想 CE、BF 相等且垂直。

证明：$\because AE \perp AB$，$AF \perp AC$，

$$\therefore \angle EAB = \angle CAF = 90°，$$

$$\therefore \angle EAB + \angle BAC = \angle CAF + \angle BAC，$$

$$\therefore \angle EAC = \angle BAF。$$

在 $\triangle EAC$ 和 $\triangle BAF$ 中，

$$\begin{cases} AE = AB \\ \angle EAC = \angle BAF， \\ AC = AF \end{cases}$$

$$\therefore \triangle EAC \cong \triangle BAF，$$

$$\therefore CE = BF。$$

∵△EAC≌△BAF，

∴∠AEC=∠ABF，

∴A、E、B、M 四点共圆，

∴∠EAB=∠EMB=90°，

∴CE⊥BF。

【设计意图】本题考查了"手拉手全等模型"中两个有公共顶点且顶角相等的等腰直角三角形组成的图形，简单的变式是在掌握例题典型性的基础上，充分发挥例题的可变性，通过条件的变化使知识延伸。

问题 5：如下图所示，在直线 *ABC* 的同一侧作两个等边三角形△*ABD* 和 △*BCE*，连接 *AE* 与 *CD*，下列结论正确的有＿＿＿＿＿＿＿＿＿＿＿。

（1）△*ABE*≌△*DBC*；

（2）*AE* 与 *DC* 的夹角为 60°；

（3）△*AGB*≌△*DFB*；

（4）△*BGF* 为等边三角形；

（5）*GF* // *AC*；

（6）*BH* 平分∠*AHC*；

（7）*AH*=*DH*＋*BH*。

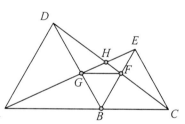

【师生活动】学生小组讨论后回答，教师总结。

解：∵△*ABD*、△*BCE* 为等边三角形，

∴*AB*=*DB*，∠*ABD*=∠*CBE*=60°，*BE*=*BC*，

∴∠*DBE*=60°，

∴∠*ABE*=∠*DBC*，

在△*ABE* 和△*DBC* 中，

$$\begin{cases} AB=DB \\ \angle ABE=\angle DBC \\ BE=BC \end{cases},$$

∴△*ABE*≌△*DBC*，故（1）正确。

∴∠*BAE*=∠*BDC*，

∴∠*CHE*=∠*BAE*＋∠*BCD*，

∴∠CHE=∠BDC＋∠BCD=∠ABD=60°，

∴ AE 与 DC 的夹角为 60°，故（2）正确，

在△AGB 和△DFB 中，

$$\begin{cases} \angle BAE = \angle BDC \\ AB = DB \\ \angle ABG = \angle DBF = 60° \end{cases}$$,

∴△AGB≌△DFB，故（3）正确。

∴ BG=BF，

∵∠DBF=60°，

∴△GBF 是等边三角形，故（4）正确。

∴∠BGF=60°=∠ABD，

∴ GF//AC，故（5）正确。

∵△ABE≌△DBC，

∴ AE 和 DC 边上的高相等，

即点 B 到 AE 和 DC 的距离相等，

∴ BH 平分∠AHC，所以（6）正确。

如右图所示，在 AE 上截取 AN=DH，连接 BN，

在△ABN 和△DBH 中，

$$\begin{cases} AN = DH \\ \angle BAN = \angle BDH \\ AB = DB \end{cases}$$,

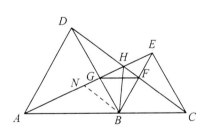

∴△ABN≌△DBH，

∴ BN=BH，∠ABN=∠DBH，

∴∠ABN＋∠DBN=∠DBH＋∠DBN=∠NBH=∠ABD=60°，

∴△BNH 是等边三角形，

∴ BH=NH，

∴ AH=AN＋NH=DH＋BH，故（7）正确。

【设计意图】本题考查了"手拉手全等模型"中两个有公共顶点的等边三角形组成的图形，以上两种变式题虽然条件发生变化，但解题的思路是不变

209

的。教师可以在讲解其中的某一题时举一反三，同时讲解其他几种情形，甚至可以一题多变，以点串线，联想开拓，这对培养学生的发散思维十分有利。教师可以借用某道典型例题，适当变换、拓展，充分拓展原题的解题思路和方法，使学生探索问题的本质，从而达到真正的教学目的。

（三）手拉手相似模型

问题 6：与"手拉手全等模型"类似，"手拉手相似模型"的三角形在连接对应线段后得到的两个三角形相似。你能采用几何画板演示该过程吗？

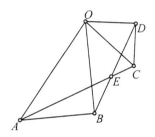

【师生活动】学生独立思考后回答，教师采用几何画板演示该过程后总结。

已知：如上图所示，$\triangle OCD \backsim \triangle OAB$，

求证：① $\triangle OAC \backsim \triangle OBD$；② $\dfrac{AC}{BD} = \dfrac{OA}{OB} = \dfrac{OC}{OD}$；③ $\angle AEB = \angle AOB$。

证明：$\because \triangle OCD \backsim \triangle OAB$，

$\therefore \dfrac{OA}{OC} = \dfrac{OB}{OD}$，$\angle AOB = \angle COD$，

$\therefore \angle AOB + \angle BOC = \angle COD + \angle BOC$，

$\therefore \angle AOC = \angle BOD$，

$\therefore \triangle OAC \backsim \triangle OBD$，

$\therefore \angle OAC = \angle OBD$，$\angle OCA = \angle ODB$，

$\therefore O$、A、B、E 四点共圆，O、D、C、E 四点共圆

$\therefore \angle AEB = \angle AOB$（拉手线的夹角等于顶角）。

【设计意图】通过类比"手拉手全等模型"，引导学生探究"手拉手相似模型"的证明，让学生感悟数学的严谨性，培养学生追求理性的精神、实事求是的思想、独立思考的习惯，从而培养学生的推理能力核心素养。

问题 7：请运用"手拉手相似模型"思考以下问题的解决路径：

如下图所示，在 $\triangle ABC$ 与 $\triangle ADE$ 中，$\angle ACB = \angle AED = 90°$，$\angle ABC = \angle ADE$，连接 BD、CE，若 $AC : AB = 3 : 5$，则 $BD : CE$ 为 _____。

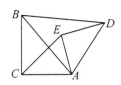

【师生互动】学生独立思考后回答，教师可提醒学生从寻找三角形相似出发，然后进行总结。

解：$\because \angle ACB = \angle AED = 90°$，$\angle ABC = \angle ADE$，

$\therefore \triangle ABC \backsim \triangle ADE$，

$\therefore \dfrac{AC}{AE} = \dfrac{AB}{AD}$，$\angle BAC = \angle DAE$，

$\therefore \dfrac{AD}{AE} = \dfrac{AB}{AC}$，$\angle BAC + \angle BAE = \angle DAE + \angle BAE$，

$\therefore \angle BAD = \angle CAE$，

$\therefore \triangle BAD \backsim \triangle CAE$，

$\therefore \dfrac{BD}{CE} = \dfrac{AB}{AC}$，

$\because AC : AB = 3 : 5$，

$\therefore BD : CE = 5 : 3$。

【设计意图】本题考查了两个有公共顶点且顶角相等的非等腰三角形旋转组成的图形，简单的变式引导学生进一步掌握"手拉手相似模型"，引导学生思考，寻找当前问题与已有知识经验的联系，培养学生分析问题和解决问题的能力。

问题 8：运用"手拉手全等模型"和"手拉手相似模型"解决如下问题。

【操作发现】（1）如下图所示，在 $\triangle OAB$ 和 $\triangle OCD$ 中，$OA = OB$，$OC = OD$，$\angle AOB = \angle COD = 40°$。连接 AC，BD 交于点 M。

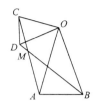

① AC 和 BD 的数量关系：_____ ；

② $\angle AMB$ 的度数为_____。

【类比探究】（2）如下图所示，在 $\triangle OAB$ 和 $\triangle OCD$ 中，$\angle AOB = \angle COD = 90°$，$\angle OAB = \angle OCD = 30°$。连接 AC 交 BD 的延长线于点 M，计算 $\dfrac{AC}{BD}$ 的值。

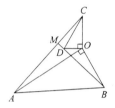

【实际应用】（3）在（2）的条件下，$\angle AMB = $_____。

解：（1）① $\because \angle AOB = \angle COD = 40°$，

$\therefore \angle AOB + \angle AOD = \angle COD + \angle AOD$，即 $\angle COA = \angle DOB$，

在 $\triangle COA$ 和 $\triangle DOB$ 中，$\begin{cases} OC = OD \\ \angle COA = \angle DOB \\ OA = OB \end{cases}$，

$\therefore \triangle COA \cong \triangle DOB$，

$\therefore AC = BD$。

② $\because \triangle COA \cong \triangle DOB$，

$\therefore \angle CAO = \angle DBO$，

$\because \angle AOB = 40°$，

$\therefore \angle OAB + \angle ABO = 140°$，

在 $\triangle AMB$ 中，$\angle AMB = 180° - (\angle CAO + \angle OAB + \angle ABD) = 180° - (\angle DBO + \angle OAB + \angle ABD) = 180° - 140° = 40°$。

故答案为：① $AC = BD$；② $40°$。

（2）如上图所示，$\because \angle AOB = \angle COD = 90°$，

$\therefore \angle AOB + \angle AOD = \angle COD + \angle AOD$，即 $\angle COA = \angle DOB$，

在 Rt $\triangle COD$ 中，$\angle DCO = 30°$，$\angle DOC = 90°$，

$\therefore \dfrac{OD}{OC} = \tan 30° = \dfrac{\sqrt{3}}{3}$，

同理得：$\dfrac{OB}{OA} = \tan 30° = \dfrac{\sqrt{3}}{3}$，

$\therefore \dfrac{OD}{OC} = \dfrac{OB}{OA}$，

又 $\because \angle COA = \angle DOB$，

$\therefore \triangle AOC \backsim \triangle BOD$，

$\therefore \dfrac{AC}{BD} = \dfrac{OC}{OD} = \sqrt{3}$。

（3）$\because \triangle AOC \backsim \triangle BOD$，

$\therefore \angle CAO = \angle DBO$，

在 $\triangle AMB$ 中，$\angle AMB = 180° - （\angle MAB + \angle ABM）$

$= 180° - （\angle OAB + \angle ABM + \angle DBO）$

$= 90°$。

故答案为：$90°$。

【设计意图】本题既考查了"手拉手全等模型"，又考查了"手拉手相似模型"，对比学习，让学生识别两者之间的区别与联系，并能得到"手拉手全等模型"就是"手拉手相似模型"的特殊情况的结论，有助于学生建立清晰的解题思路，从而培养学生运用数学模型分析问题和解决问题的能力，帮助学生拓宽思维，进一步促进学生模型观念、推理能力、几何直观核心素养的形成。

八、板书设计

手拉手模型		
1. "手拉手全等模型"及证明 2. "手拉手相似模型"及证明	例题	例题

九、教学反思

本节课引导学生探究"手拉手全等模型"以及"手拉手相似模型",充分调动课堂氛围,学生参与度高。学生通过对一系列由易到难的问题进行探究,对三角形全等、三角形相似有了进一步的认识,在此过程中,教师充分调动学生进行独立思考、小组合作交流。本节课营造了良好的课堂氛围,建立了良好的师生关系,教师鼓励学生勇敢表达自己的想法,并且进行适当的引导和启发,让学生都能在课堂探究中感受数学模型的建立过程及其应用的广泛性,充分调动了学生学习的积极性。

但本节课仍存在以下两点不足:

(1)课堂容量过大,导致课堂后半段探究时间较少,可以适当放缓教学进度,将有挑战性的题目留做思考题,或者适当将课时延长。

(2)板书设计上还不够合理,内容较多,可采用多媒体进行辅助教学,在例题上可多使用几何画板进行演示。

【案例二十二】 "二次函数"专题复习课教学设计

一、教材分析

二次函数是北师大版数学课本九年级下册第二章的内容。二次函数模型可以用来描述现实世界中变量与变量之间的关系,它与一次函数和反比例函数都是基本初等函数的一种。对二次函数进行研究，能够为学生后续对函数的进一步学习打下基础，使学生体会函数的基本思想。

本章从二次函数的概念入手，研究二次函数的图象与性质，然后确定二次函数的表达式，最后利用二次函数解决实际问题。本章的内容在人们日常生活以及生产实际中有着十分广泛的应用，有助于培养学生的模型观念和数学思想。

二、学情分析

学生在此节课前已经学习了二次函数的有关知识，但对于二次函数类题型没有专门归纳方法，因而通过此节专题复习课来归纳总结方法，提炼重点要点，使学生学以致用，体会二次函数性质对解决比较函数值大小的重要性。

三、教情分析

本课程力图引导学生回顾二次函数的概念及其基本性质，掌握多种方法比较函数值大小，通过比较的方法，让学生体会数形结合思想的重要性。

四、教学目标

（1）回顾二次函数的概念及性质，掌握二次函数的系数与图象的关系及其增减性、对称性，并会用图象性质比较函数值大小，体会二次函数性质对比较函数值大小的重要性。

（2）会从点坐标的特点入手来分析二次函数的图象与性质，从而掌握通过画二次函数的草图来分析、解决问题的方法，体会数形结合思想。

（3）知道二次函数与一元二次方程之间的关系，会利用二次函数的图象求一元二次方程的近似解。

五、教学重难点

教学重点：二次函数的概念、性质及其图象的复习、二次函数的应用。

教学难点：二次函数的应用。

六、教学条件准备

多媒体：软白板、希沃软件。

七、教学设计

（一）复习旧知

教师导入语：前面通过对二次函数的研究，我们发现它可以有效地描述变量之间的相互关系，并能解决许多实际问题。今天这节课我们就对二次函数的学习做一个总结。

问题 1：二次函数的定义是什么？

【师生活动】学生回答：一般地，形如 $y=ax^2+bx+c$ 的函数叫作二次函数。其中 x 是自变量，a，b，c 分别是函数解析式的二次项系数、一次项系数、常数项。

问题 2：二次函数解析式的表示方法有哪些？如何表示的？

【师生活动】学生回答：有三种表示方法。

（1）一般式：$y=ax^2+bx+c$。

（2）顶点式：$y=a(x-h)^2+k$，它直接显示二次函数的顶点坐标是 (h,k)。

（3）交点式：$y=a(x-x_1)(x-x_2)$，其中，x_1、x_2 是图象与轴交点的横坐标。

教师总结：所有二次函数的解析式都可以表示为一般式或顶点式，但是能用交点式表示的解析式表明抛物线与 x 轴有交点，这种交点式可以互相转换，从而使得二次函数的解析式可以更加直观地表达出来。

【师生活动】教师引导学生总结：二次函数的图象是一条抛物线。当 $a>0$ 时，抛物线开口向上；当 $a<0$ 时，抛物线开口向下。$|a|$ 越大，抛物线的开口越小；$|a|$ 越小，抛物线的开口越大。

问题 3：二次函数如何进行平移变换？

【师生活动】学生回答：基于原有函数，x 值呈现出正向右移、负向左移的趋势，而 y 值则呈现出正向上移、负向下移的特征。总结为八个字："左加右减，上加下减。"

问题 4：图象和系数之间有怎样的关联？

【师生活动】学生回答：

（1）a 决定了抛物线开口的大小和方向，a 的正负决定开口方向，$|a|$ 的大小决定开口的大小。

（2）b 的符号的判定：对称轴在 y 轴左边则 a、b 同号，在 y 轴右边则 a、b 异号，概括地说就是"左同右异"。

（3）c 决定了抛物线与轴交点的位置。

问题 5：二次函数与一元二次方程之间有着怎样的关系？

教师引导学生总结：

$\Delta > 0$，有两个不相等的实数根；

$\Delta = 0$，有两个相等的实数根；

$\Delta < 0$，没有实数根。

【设计意图】采用问题串的方式，逐步深入，帮助学生反思和总结已学过的二次函数的相关知识：从二次函数的定义，到解析式的表示方法，到图象与对称轴、顶点以及增减性，到二次函数的平移，到二次函数的图象与各项系数之间的关系，再到二次函数与一元二次方程之间的关系，知识层层递进。学生的知识得到整合与巩固，有利于后续问题的进一步学习与探讨。

问题 6：已知 $(-3, y_1)$，$(-2, y_2)$，$(1, y_3)$ 是抛物线 $y = -3x^2 - 12x + m$ 上的点，则 y_1，y_2，y_3 的大小关系为（　　　）。

【师生活动】学生独立思考，分析出该题目考查的是二次函数增减性的问题。

追问 1：如何判断二次函数的增减性？

【师生活动】学生回答：先根据二次函数的系数判断函数开口方向，再根据对称轴来判断函数的增减性。

追问 2：请说出你的推导过程。

【师生活动】学生回答：因为抛物线的二次项系数为 -3，所以它的开口朝下，并且函数的对称轴为 $x = -2$，所以当 $x < -2$ 时，y 随 x 的增大而增大；当 $x > -2$ 时，y 随 x 的增大而减小。

追问 3：该如何比较 y_1，y_2，y_3 的大小关系？

【师生活动】教师引导学生发现点到对称轴的距离，所以 $y_3 < y_1 < y_2$。

【设计意图】该题目考查的是二次函数增减性的问题，先从抛物线过三个定点入手，根据对称轴及抛物线的性质来判断函数的大小关系，提高学生分析问题和解决问题的能力。

（二）技能巩固

例题1：已知抛物线 $y=ax^2+2ax-2$（$a>0$）过 A（-2，y_1），B（-3，y_2），C（1，y_3），D（$\sqrt{3}$，y_4）四点，则 y_1、y_2、y_3、y_4 的大小关系是_____。

预设答案：抛物线的对称轴为 $x=-1$；又因为 $a>0$，所以抛物线的开口朝上，且抛物线过四个点 A（-2，y_1），B（-3，y_2），C（1，y_3），D（$\sqrt{3}$，y_4），所以能得到大小关系。

【设计意图】该题目考查的是二次函数增减性的问题，从抛物线过四个定点入手，根据对称轴及抛物线的性质来判断函数的大小关系，题目进一步加深，通过提升学生的分析能力和解决问题的技巧，来增强他们的学习效果。

例题2：若二次函数 $y=|a|x^2+bx+c$ 的图象经过 A（m，n）、B（0，y_1）、C（$3-m$，n）、D（$\sqrt{2}$，y_2）、E（2，y_3），则 y_1、y_2、y_3 的大小关系是_____。

预设答案：因为二次函数的图象经过的 A（m，n），C（$3-m$，n）这两点具有对称性，所以二次函数的对称轴为 $x=\dfrac{3}{2}$。

因为 B（0，y_1）与对称轴的距离最远，D（$\sqrt{2}$，y_2）与对称轴的距离最近，又因为开口向上，离对称轴远的 y 值大，所以 $y_2<y_3<y_1$。

【设计意图】本题考查二次函数的图象及其性质，题目层层递进，可使学生进一步熟练掌握图象上点的特征，提升学生的分析能力和解决问题的技巧。

例题3：若二次函数 $y=a^2x^2-bx-c$ 的图象过不同的六点 A（-1，n），B（5，$n-1$），C（6，$n+1$），D（$\dfrac{3}{2}$，y_1），E（2，y_2），F（4，y_3），则 y_1，y_2，y_3 的大小关系是（　　）。

预设答案：因为二次函数的图象开口向上且过点 A（-1，n），B（5，$n-1$），

C（6，$n+1$），所以抛物线的对称轴取值范围为 $2 < x < \dfrac{5}{2}$。

随着抛物线上点与对称轴之间的距离增加，相应的函数值也会显著增加，所以 $y_2 < y_1 < y_3$。

【设计意图】考查二次函数的图象及其性质，使学生进一步熟练掌握图象，通过引入一些独有的特征，提升学生的分析问题和解决问题的能力。

（三）课堂小结

本节课通过复习的方式，总结了二次函数的相关知识点，重点学习了比较函数值的大小。这个过程能够充分培养学生几何直观、模型观念以及应用意识，使其深刻体会数形结合的思想方法。

【设计意图】通过小结让学生进一步熟悉巩固本节课所学的知识及其蕴含的数学核心素养。

（四）布置作业

（1）（必做）已知抛物线 $y = x^2 + bx + c$ 经过 A（-3，n）、B（2，n）两点，求 b 的值。

（2）（必做）已知二次函数 $y = ax^2 + bx + c$ 的图象开口向下，对称轴为直线 $x = -1$，且经过点（-3，0），则下列结论正确的是（　　　）。

A. $b > 0$　　B. $c < 0$　　C. $a + b + c > 0$　　D. $3a + c = 0$

（3）（必做）二次函数 $y = ax^2 + bx + c$ 的图象过不同的六点 A（-2，$m-1$），B（-1，m），C（0，y_1），D（2，y_2），E（3，y_3），F（4，$m+1$），则 y_1，y_2，y_3 的大小关系为 _____。

（4）（提升题）在平面直角坐标系中，点 A（1，m）和点 B（3，n）在抛物线 $y = ax^2 + bx$ 上。当 $a > 0$、$mn < 0$，点（-1，y_1）、（2，y_2）、（4，y_3）在抛物线 $y = ax^2 + bx$ 上时，试比较 y_1、y_2、y_3 的大小，并说明理由（尝试用多种方法）。

【设计意图】布置作业可以帮助学生强化新知，定期检查学生的学习进度。教师在安排作业时，既考虑了基础较弱的学生，也考虑了基础较好的学生。提升题要求学生采用多种策略解决问题，有助于培养学生的创新思维能力。

八、板书设计

二次函数专题复习	
1.复习 2.巩固 3.小结	4.练习

九、教学反思

二次函数在初中数学课程中扮演着至关重要的角色，它与一元二次方程的概念息息相关，学习此内容能够帮助学生更好地理解数形结合思想，从而提升他们的数学思维能力。本节课帮助学生回顾二次函数的基础知识，并通过实际例题使学生深入理解它的重要性质，有助于培养学生的分析思维和实践技能，从而提升他们的应用能力。

【案例二十三】"二次函数图象的对称性"专题复习课教学设计

一、教材分析

函数的知识贯穿整个初等数学体系之中，蕴含着几何和代数知识，二次函数解析式与方程、不等式之间的关系是代数的体现，而图象的性质又体现了二次函数的几何特征，进一步体现了数形结合的思想方法。二次函数对于发展学生的运算能力、几何直观能力和推理能力起着重要的作用。

本节课采用导学式的课堂教学模式结合几何画板的动态演示回顾二次函数的相关知识，使学生感悟二次函数图象的对称性，通过复习构建完整的知识网络，巩固已经学过的知识，渗透数形结合、函数模型等重要思想方法。

本节复习课的重点是利用数形结合的思想方法解决二次函数对称性的问题，通过复习来完善学生的知识体系，巩固学生已经学过的知识，研究二次函数图象的对称性，渗透数形结合、函数模型等重要思想方法。

二、学情分析

学生在之前的学习中已经掌握了二次函数的相关基础知识，会根据二次函数表达式找开口与对称轴，但在灵活运用方面还存在一定的困难，有"恐函"心理，且二次函数的图象与性质的内容较多，有些性质较为抽象，比较难以理解。

本节复习课主要设计了以选择题、填空题等小题为主的练习，由于学生解题的熟练度还不高，因此在复习过程中，教师要注意引导学生对图象之间进行比较，尝试建立图象与表达式之间的联系，提高学生对基础知识的掌握能力，发展学生的解题能力，使其能够通过题意来思考数学本质，体会和运用数形结合、分类讨论等思想方法，从而提升运算能力、几何直观能力、推理能力。

三、教情分析

在复习课中，教师不应将二次函数的知识系统地复习一遍，而要通过教学进行归纳总结，使学生掌握二次函数的规律性和普遍意义的常规解题模式。具体如下：遵循循序渐进原则，问题设置有梯度；正确地让学生联系起知识、技能、技巧之间的关系；注重知识点之间的联系；通过问题导引探究进一步巩固二次函数图象的对称性，帮助学生从表格、解析式、图象三种形式来理解二次函数图象的对称性，应用二次函数的轴对称性来解答相关的问题。在教学中，学生不会结合图象来分析函数是教学难点。教师应引导学生综合思考相关数学思想，学会应用类比推理、数形结合等数学思想方法，最后让学生自主对本节课所学的知识和方法的应用进行归纳，这有利于促进学生对数学思想方法的理解。

四、教学目标

（1）巩固二次函数图象的对称性的理解，学会结合图象分析二次函数对称点的坐标特征，学会利用二次函数图象的对称性解决具体问题。

（2）通过问题引导探究进一步巩固二次函数图象的对称性，在解决问题的过程中培养学生数形结合的能力，提升其数学抽象素养。通过表格、解析式、图象三种形式来理解二次函数图象的对称性，使学生感悟到轴对称性带来的直观、简便，学会自觉应用等价转化、分类讨论、数形结合等重要的数学思想方法。

五、教学重难点

教学重点：通过图象来理解二次函数图象的对称性。

教学难点：灵活运用二次函数图象的对称性解决基础问题，熟练解决一些二次函数对称性的变式问题。

六、教学条件准备

几何画板、黑板、彩色粉笔。

几何画板动态演示可以增加学习趣味性，提高学生学习的主动性，实现教学方法和练习形式的多样化，同时用手机控制希沃课件演示，使用触发、擦除等功能键，可以让课堂更加高效。

七、教学设计

（一）问题引入

右图为二次函数 $y = x^2 - 2x - 3$ 的图象，回答下列问题：

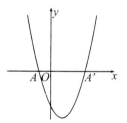

（1）该图象的对称轴为_____。

（2）抛物线与 x 轴的交点坐标是_____。

（3）请求出直线 $y=5$ 与抛物线的交点坐标，它们有什么关系？

（4）请求出直线 $y=-3$ 与抛物线的交点坐标，它们有什么关系？

（5）对于直线 $y=m$（$m>-2$）与抛物线交点 A，A' 的坐标是否也有以上的结论？

【师生活动】教师先引导学生得出猜想：二次函数的对称轴为直线 $x = \dfrac{x_1 + x_2}{2}$（x_1和x_2为一组对称点的横坐标）；再结合几何画板动态演示，验证猜想。

如下图所示，对称轴为直线 $x = x_0$，由对称性可知：$AB = A'B$，

故 $x_0 - x_1 = x_2 - x_0$，整理得 $x = \dfrac{x_1 + x_2}{2}$。

【设计意图】 复习回顾二次函数的相关性质。通过几何画板的动态演示，让学生回顾探索规律的思路，体会从特殊到一般的思想方法。同时，引导学生探究问题，培养学生探究问题的能力。

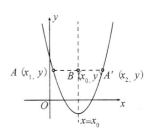

（二）温故知新

练习1：

已知二次函数 $y = ax^2 + bx + c$ 的图象经过 A（1，0）和 B（2，0）两点，那么该函数图象的对称轴为＿＿＿＿＿＿＿＿＿＿。

变式训练：

（1）已知二次函数 $y = ax^2 + bx + c$ 的图象经过 A（-4，6）和 B（2，6）两点，该函数图象的对称轴为＿＿＿＿＿＿＿＿＿＿。

（2）已知二次函数 $y = ax^2 + bx + c$ 的图象经过 A（m，3）和 B（$2 - m$，3）两点，该函数图象的对称轴为＿＿＿＿＿＿＿＿＿＿。

已知二次函数 $y = ax^2 + bx + c$ 的图象经过 A（2，m）和 B（4，m）两点，该函数图象的对称轴为＿＿＿＿＿＿＿＿＿＿。

【归纳小结】 关于对称轴对称的两点的纵坐标相同，二次函数图象的对称轴为直线 $x = \dfrac{x_1 + x_2}{2}$（x_1 和 x_2 为一组对称点的横坐标）。

【师生活动】 学生根据题意解题，展示自己的思路和结果，教师和其他学生倾听，学生表述不清时教师要及时纠正，最后给予评价和鼓励。

【设计意图】 通过变式训练发散学生的思维，因为学生对二次函数的认识不能只停留在基础层面，应该逐步加深对知识的理解。本设计中的这些问题虽然不会在中考题里直接出现，但它们是解决综合题的基础。变式训练这两个问题使学生对二次函数基础知识有了更透彻的理解，同时能初步运用分类谈论和数形结合的思想方法考虑问题，提升分析问题和归纳总结的能力。

练习 2：

已知：二次函数 $y = ax^2 + bx + c$（$a \neq 0$）中的 x 和 y 满足下表。

x	…	–1	0	1	2	3	…
y	…	3	0	–1	0	m	…

观察上表可得 m 的值为_____。

【师生活动】学生观察表格填空，再由教师讲评试题。

【设计意图】在掌握直接给点坐标的情况下，略加难度，由学生通过表格寻找特殊的两点，加强学生通过表格理解二次函数的能力，提高知识迁移能力。

练习 3：

已知点 A（-100，y_1），B（99，y_2）是函数 $y = x^2 - 2x$ 图象上的两点，请比较 y_1，y_2 的大小。

【师生活动】让学生体会代入法和对称法的优劣，培养学生的策略意识。先解决纵坐标相等的特殊情况，再过渡到纵坐标不等的一般情况，引起学生思考。通过不同方法的解答，引导学生学会借助二次函数的大致图象和点到对称轴的距离解决函数值比大小问题。教师借助板书及时进行小结，通过思维导图形式使学生形象直观地感知两点纵坐标大小的三种情况。

【设计意图】比较函数值大小是出现比较频繁的问题，让学生学会选择合适的方法比较大小，体会从特殊到一般的思想和数形结合思想。

练习 4：

若二次函数 $y = |a|x^2 + bx + c$ 的图象经过 A（m，n），B（0，y_1），C（$3-m$，n），D（$\sqrt{2}$，y_2），E（2，y_3），则 y_1、y_2、y_3 的大小关系是（   ）。

A. $y_1 < y_2 < y_3$ B. $y_1 < y_3 < y_2$ C. $y_3 < y_2 < y_1$ D. $y_2 < y_3 < y_1$

【师生活动】学生审题思考，小组组内合作交流，由代表上台分享思路。

【设计意图】链接中考，感受中考，让学生体会今日所学知识的价值；在讲解过程中，教师引导学生如何读题、如何分析问题，让学生体会解决问题后的成就感，增强学生学习数学的自信心。

（三）总结展望

（1）我们复习了哪些知识？用到了哪些思想方法？

（2）通过本节课的学习，你掌握了什么方法？学习过程中感触最深的是什么？想进一步探究的问题是什么？

【师生活动】学生回顾本节课知识后发表自己的见解，其他学生补充，教师倾听，注意学生概括的知识点是否全面，数学用语是否准确，若不全面或不准确应给予补充和纠正。

【设计意图】让学生有机会畅谈体验、感受和收获。教师提出建议并适当补充，培养学生良好的总结习惯。

（四）布置作业

1.已知抛物线 $y=x^2 + bx + c$ 经过 $A(-3, n)$，$B(2, n)$ 两点，求 b 的值。

2.已知 $P_1(x_1, y_1)$，$P_2(x_2, y_2)$ 是抛物线 $y = ax^2 - 2ax$ 上的点，下列命题正确的是（　　　　）。

A．若 $|x_1-1| > |x_2-1|$，则 $y_1 > y_2$　　B．若 $|x_1-1| > |x_2-1|$，则 $y_1 < y_2$

C．若 $|x_1-1| = |x_2-1|$，则 $y_1 = y_2$　　D．若 $y_1 = y_2$，则 $x_1 = x_2$

3.在平面直角坐标系中，二次函数 $y = ax^2 + bx + 3$（$a \neq 0$）图象经过点 $M(1-m, n)$，$N(m+\dfrac{3}{a}, n)$，交 y 轴于点 A。

（1）求 a，b 的关系；

（2）若该抛物线上始终存在不重合的 P，Q 两点（P 在 Q 的左边）关于原点对称，求 a 的取值范围。

【设计意图】筛选近几年各地期末考卷、质检卷、中考卷的题目，以递进和分层的形式布置作业，激发学生完成作业的乐趣，使其既感到轻松也感到有挑战性。

八、板书设计

二次函数图象的对称性			
二次函数的性质	例题与练习 练习 1 练习 2	变式	思考过程

九、教学反思

本节课通过具体的题目来引导学生学会利用图象分析函数，把数形结合思想渗透函数的学习中去。复习课要通过习题进行知识点复习的串联，而习题设置应由易到难、层层递进，让学生逐步掌握解题方法，其间要重视变式训练。首先，教师在教学设计中的选题要典型，典型例题和习题不应该是一些难题、偏题、怪题，而应该关注核心知识和方法。其次，教师要重视对学生的变式训练，在练习中启发学生思考，渗透数学思想。